青年期から成人期の対人的枠組みと人生の語りに関する縦断的研究

山　岸　明　子　著

風　間　書　房

は じ め に

　本研究に関するデータを取り始めたのは、1990年、4半世紀以上も前のことだった。看護学生に発達心理学の課題レポートとして各自の生育史を書いてもらっていたが、特に印象的なものが多い学年があり、そのような生育過程を生きてきた彼女たちの現在の対人的あり方はどのようなものなのか、どのように生きているのかを、Bowlbyの内的作業モデル（以下IWMと略記）の概念を参考にして検討を行ってみた。

　そのように発端はretrospective（後向き）な検討だったのだが、更にどのような対人的経験によって対人的枠組みがどう変わっていくのかをprospective（前向き）に検討したいと思うようになっていった。幸いしっかりした同窓会組織があり、またほとんどの者が看護職として就職しているため、連絡も取りやすく、縦断研究が比較的やりやすい状況であった。IWMは経験の中で変わるのか、安定性は高いのかというBowlbyの仮説を検討すると共に、どのような条件下でIWMやそれとの関連が予想される対人認知は安定性を保ち、何が変化を規定するのかを検討したいという思いをもって、手探りで縦断研究を進めていった。

　幸い1997-1998年度に科研費を獲得でき、また2005年度の科研費の研究成果公開促進費の助成を得て、『対人的枠組みと過去から現在の経験のとらえ方に関する研究—縦断的研究を中心に—』という著書（山岸，2006a）を刊行することができた。但しその時点では、IWMによって対人的な経験のとらえ方がいかに影響を受けるのか、そしてIWMや対人的な経験のとらえ方は経験の中でどの程度変わるのかその変動性と安定性の検討が中心で、安定性や変動性を規定する要因の検討はほとんどできなかった。

　その後2004-2005年度、及び2010～2013年度にも科研費の助成を受けて、

看護学生だった卒業生を対象に、11年後及び17-19年後の縦断的調査を行った。前書の研究では質問紙と生育史で収集したデータを分析したが、今回は面接調査も施行し、今までに経験してきたことやそれに対する思い、現在のあり方等について語ってもらい、生育史・質問紙に加えて面接での語りもデータとして、様々な観点から検討を行ってきた。本書はそれらの研究をまとめたものである。

　前書は卒後2-4年と7年後の調査であり、青年期から初期成人期の縦断研究であったが、今回は更に年月が進み、被調査者は成人期になっている。多くの者が結婚し母親になっており、親としてあるいは看護職として、自分を必要としている者のケアをする経験をしているが、そのような成人期の経験のあり方がどのような影響をもたらすのか、そしてそこに関与している要因は何かに関する分析を、質問紙と生育史に加えて面接での語りのデータも用いて検討した。更に青年期の要因が17-19年という長期間を経た後の生き方や適応に影響を及ぼしているのか、以前の何が後の行動にどう影響しているのか等についても分析を行った。

　西欧等で行われている大規模な縦断的研究（Sroufe et al.（2005）や USA の NICHD（国立子ども人間発達研究所）の Early Child Care Research Networks による研究等）とは違って、本研究は筆者1人で教え子—看護学生だった者に調査をした研究で、対象者も少人数のささやかな研究である。しかし青年期から成人期にかけて17-19年という長期にわたる縦断研究は珍しいし、様々な観点から探索的に分析を行い、青年期から成人期でどう変化したかだけでなく、何が変化に関与しているのか、あるいは青年期の要因が成人期にどうかかわるのかという発達心理学の中核的な問題に関する分析も行うことができた。またその中で、不利な状況に置かれてネガティブな対人的枠組みをもっていた者や母親との関係が悪かった者が、長期間の経過後にポジティブな方向に変化にすることがあるのか—発達の可塑性の問題や逆境からの立ち直りの問題—に関する検討も行った。

目　　次

はじめに

Ⅰ部　本研究の問題と目的……………………………………………………… 1

　1章　本研究の全体としての問題と目的 ………………………………… 3

　2章　本書の構成………………………………………………………………13

Ⅱ部　回想（語り）についての分析……………………………………………17

　3章　11年前に記述した生育史と現在の回想について30代女性がもつ

　　　　印象（研究1）………………………………………………………………19

　4章　自分の変化の自覚と後の回想との関連―20代から30代にかけて

　　　　の縦断的検討―（研究2）……………………………………………35

Ⅲ部　青年期から成人期の対人的枠組みと対人的認知の縦断的

　　　　変化 …………………………………………………………………………49

　5章　The stability and changeability of internal working models and

　　　　interpersonal cognition from late adolescence to early adulthood:

　　　　An 11-year longitudinal study of nursing students（研究3）……51

　6章　青年期から成人期の対人的枠組みと対人的認知

　　　　―19年後の縦断的変化―（研究4）……………………………………65

Ⅳ部　母親認知に関する研究 ……………………………………………………81

　7章　母親認知の縦断的変化―青年期から成人期にかけて―

　　　　（研究5）………………………………………………………………………83

　8章　成人期において母親になることが母親認知に及ぼす影響

ii 目　次

　　　　（研究6）……………………………………………99

　9章　成人期女性の母親認知と青年期以前の母親認知の関連、及び
　　　　その規定要因（研究7）………………………………107

　10章　成人期女性の母親との関係─縦断的データによる30代前半と
　　　　後半の比較─（研究8）………………………………133

　11章　生育過程における母親との関係の問題は成人期まで続くのか
　　　　─問題があった5事例の17年後─（研究9）……………139

V部　成人期の適応に影響する青年期・成人期の対人的要因………151

　12章　青年期に記述された生育過程の良好さと成人期の適応との関連
　　　　─19年後の縦断的データに基づく質的検討─（研究10）…………153

　13章　成人期の適応に影響する青年期・成人期の対人的要因
　　　　─17年後の縦断的データに基づく数量的検討─（研究11）………179

　14章　内的作業モデルが仕事への取り組み方に及ぼす影響
　　　　─青年期から成人期の17年間の縦断的研究─（研究12）…………193

Ⅵ部　結論 ………………………………………………211

文献………………………………………………………223

付記………………………………………………………233

資料………………………………………………………237

あとがき…………………………………………………253

Ⅰ部　本研究の問題と目的

　「はじめに」で述べた様に、本書は山岸（2006a）でまとめられた研究を引き継ぎ、成人期になった被調査者に縦断的研究を施行し、また前著で使用した方法―生育史の記述と質問紙法―だけでなく面接法も加えて、前著ではほとんどできなかった発達的変化に関わる要因や、以前の要因の成人期への影響等について検討するものである。

　本書では 3 章から14章で12の研究について報告し、それぞれの章で各研究における「問題と目的」を述べるが、「Ⅰ部」の 1 章で本研究の全体としての問題と目的、 2 章で本書の構成について述べる。

1章　本研究の全体としての問題と目的

　心理学は人間の行動を個体要因と状況要因から分析する学問といえるが、近年の心理学では「状況」が現実的・客観的にどうかということよりも、本人にとってどうであるか、本人がどう認知しているかが重要であると考えられようになっている。我々は様々な経験をし、外界から様々な情報を取り入れているが、それらをそれまでの経験や認知と関連させ、自分なりに意味をもつようにまとめてとらえる傾向を持ち、そしてそのような意味づけが互いに矛盾せず、できるだけ一貫性をもつような枠組みを構成化すると考えられている。

　我々は様々な経験をする中でそれをとらえる自分なりのとらえ方を構成し、その枠組みに沿って情報を解釈しそれを参考にして行動している。そのような主観的なとらえ方や信念が人間の行動や動機づけ、適応にとって重要なことが、色々な領域で提唱されている（例えば自己効力感の行動への影響、論理療法の様な心理療法等）。対人的な情報の取り入れや解釈に関しても本人がもつそのような枠組みが重要と考えられるが、対人的枠組みの１つとしてBowlby（1969/1976, 1973/1977, 1980/1981）は精神分析の考えと認知心理学的観点をあわせた内的作業モデルという概念（Internal working models：以後 IWM と略記）を提唱した。IWM とは「他者は自分の要求に対してどの程度応じてくれる存在なのか、自分は他者からどの程度受入れられている存在なのか」という「他者・自己の有効性に関する内的表象」である。Bowlby によれば、我々は乳幼児期の愛着対象との相互作用を通して、愛着対象への近接可能性や情緒的応答性に関する表象モデルを構成するとされる。IWM の型は愛着の型－Secure、Ambivalent、Avoidant 型－と対応しており、安定した枠組みなのか不安定なのかによって３つの型（後に４つの型）

4　I部　本研究の問題と目的

が想定されている。そしてそれを「世界およびその中の自分自身についての作業モデル」として、対人的出来事の知覚・解釈や、未来の予測、自分の行動のプランニングに使うのである。つまり肯定的に対人的情報を受けとめる枠組みをもつ者は肯定的な対人行動をしやすく、それに対するフィードバックを受けることにより更に肯定的な枠組みが強化されるだろうし、反対に否定的に受けとめる者はそれと反対の傾向を示すことになる。

　Bowlby によれば、それは養育者との相互作用に基づいて幼少期に形成され、その後の他者との相互作用によって強められたり修正されたりしながら、生涯にわたってその人の対人的経験を方向づけ、対人的行動や適応を規定するとされる。IWM 形成の最も敏感な時期は6ヶ月から5才前後とされ、その後敏感性を次第に減少させていき、加齢と共に構造的安定性・固定性を増していくとされている。Bowlby は IWM は変わりにくいと考えているが、一方で「鋳型のように固定化されたもの」とは考えていない。そして最晩年の著書では「発達的に変化する能力が年齢によって減少しても、変化は生涯を通して続く」と述べている（Bowlby, 1988/1993）。

　前著では、そのように対人的行動を規定するとされる IWM―「対人的枠組み」が現在及び過去の対人的経験の認知にどのような影響を及ぼすのかの検討を行い、更に2-4年後、7年後の縦断研究により IWM がどの程度連続性[注1]をもち、どの程度変動するのかについて検討した。その結果、1）現在の IWM と過去から現在の対人的経験の印象やとらえ方との関連に関しては、IWM の安定性・肯定性と生育の各時期の全体的印象や生育史における母親や友人との関係のあり方と関連が見られ、対人的経験のとらえ方の肯定性／否定性と関連することが示された。2）現在の IWM も対人的経験のとらえ方も、調査時期によらず連続性は比較的高いことが示された。特に不安定性が高い群は不安定さが保たれていることが多かったが、一方で IWM のあり方がかなり変化する場合も見られ、仕事や私生活の好調さ、現在の適応感等の関与が示唆された。

IWM の連続性については、多くの縦断的研究がなされ、近年は幼少期から青年期に至る長期の研究もなされるようになっている（例えば Child Deveeliomentt71巻 3 号の特集、Grossmann 他（2006）編集の著書等）。しかしそれらの研究は必ずしも一致した結果ではなく、早期の愛着の質とその後の IWM との連続性を報告するものと、連続性が見られない研究が混在している（詳細は 6 章、12章参照）。

　IWM が変わりにくい理由として、次の理由が考えられる。1 ）対人的経験は IWM に基づいて解釈され、また IWM によってプランニングされて行動するため、各自の IWM に似合った対人的行動がなされるし、行動に対するフィードバックの受け止め方も IWM に即したものであるため、我々の対人的経験はその枠組みを更に強化することになる　2 ）子どもの対人的環境は基本的には大きく変わることは少ないため、枠組みの元になる対人的相互作用は変わりにくい　3 ）IWM と関連する気質は環境の影響を受けにくく、連続性が高い。以上が IWM の連続性をもたらしていると考えられる。

　一方で IWM が変動する要因として、1 ）メタ認知的能力（自己内省力）が不安定な IWM の変化につながる（Main et al., 1985）　2 ）初期のモデルの内容と根本的に異なった強い情緒的体験が変動をもたらす。対人的環境が大きく変わって親以外の者との間に支持的で暖かい関係を持つことで安定化したり、反対に愛着対象の喪失や家庭環境の大きな変化等の negative life event により不安定化することが示されている（Roisman et al., 2002）。

　上述の要因から考えると、与えられた環境で生きざるをえない幼・児童期と違って、青年期から初期成人期は、自分の生きる道を自ら選ぶことが可能になる時期であり、「変化しにくい要因」の 2 ）が必ずしも該当せず、また変化をもたらす 2 つの要因が働きやすい時期と考えられる。つまり青年期になると、与えられた対人的環境だけでなく、自ら環境を選べるようになり、親以外の者との間に支持的で暖かい関係を持つことが可能になる。友人、恋人、そして初期成人期には配偶者を自分の意志で選択できる。その選択は時にそ

6 I部　本研究の問題と目的

れまで持たれていた関係とは異質な者に対してなされる場合もあり、その新たな関係によってIWMが変わる可能性がある。特に初期成人期に得られる親密な他者は、ありのままの自分を求め受入れてくれ、「他者は自分の要求に対してどの程度応じてくれる存在なのか、自分は他者からどの程度受入れられている存在なのか」という「他者・自己の有効性に関する内的表象」が変わる可能性が考えられる。また青年期になって形式的操作が可能になることで、メタ認知的能力が発達し、内省力も強まる。

　前著では青年期から初期成人期の連続性・変動性について検討したが、次に述べる様に、成人期もそれまでとは異なった対人的相互作用を経験することによってIWMが変わりうる重要な時期と考えられる。

　本研究の全体としての目的は以下の通りである。

目的1．青年期から成人期までの、IWMや関連が予想される対人的認知の連続性と変動性、及びそれを規定する要因の検討

　発達心理学は発達の過程やそこに作用する要因を明らかにする学問であるが、そのために最も適した正統的な方法は縦断的方法である。しかし「実施上の努力、莫大な経費、収集される大量のデータと分析の複雑さ」（三宅・高橋, 2009）等負担が大きいため、横断的研究によって発達の理解がなされることも多い。しかし近年縦断的研究が増えてきているし、西欧では長期にわたる大規模な検討もなされている。愛着やIWMに関しても前述の様に、「幼少期から成人期」という題名で縦断的研究の成果が公刊されるようになっている（Child Development 71巻3号（2000）の特集、Grossmam, K et al., 2006等）。但しそれらの報告は幼少期から青年期や成人期初期までであり（成人期初期までとされる研究も21～22才頃までのものが多く（Grossmann, 2006））、現段階では成人期にまで至っている研究の報告はまだ少ない。Klohnen & Beraが31年間にわたる縦断的検討をしているものの、質問紙法によるデータだけであり、また初期にはIWMとしては測定されていな

い。他の領域に関しては、Werner & Smith（2001）や Vaillant（2002）の長期にわたる研究―前者は40才まで、後者は60年間という長期間―がある。前著山岸（2006a）は成人期初期20代まで検討したが、本研究は更にその後どうなったのか、まだ研究が少ない成人期にかけての検討を行う。

　成人期に関する研究は、生涯発達心理学が提唱されるようになると共に盛んになされるようになっている。成人期の発達については Erikson（1950/1963）や Levinson（1978/1992）がそれを包括的に論じる理論を提唱しており、また職業経験を積むことによるキャリア発達についても多くの研究がなされている（Schein, 1978/1991等）。日本でも子育てを「親になる経験」ととらえ、親になること（特に母親になること）に伴う発達的な変化についての実証的研究がなされるようになり（大日向, 1988、柏木, 1994、氏家, 1996、小野寺, 2003等）、成人期の研究が増えてきている。但しそれらの研究のほとんどは横断的研究や回顧的研究であり、異なった年代の被調査者を比較したり、あるいは年少の年代については後の時期に回顧的に得られたものをデータとして発達的変化を導くという方法がとられている。

　青年期から初期成人期にかけては、自分の環境を自ら選び、新しい自分を作り直すようになる時期であり、就職して社会人になるという経験や結婚・出産という大きな環境の変化の中にある者が対象であったが、本書では就職して20年近くたった時期の女性が対象である。彼女たちは、社会人・職業人としての経験を積み、仕事を継続している者は中堅になり責任も重くなっている場合が多いし、子どももかなり成長し育児の真最中の者が多いと思われる時期にある。この時期は Erikson の自我発達の第Ⅶ段階―成人期の「生殖性 対 停滞」の時期、Levinson による「一家を構える時期」に該当する。この時期の大きな特徴は、ケアを与えられる立場からケアを与える立場へと社会的地位が変化し、その中核的な位置にあること、そして変化していく相手に合わせながら責任をもってかかわり続けるというところにある。

　ケアする立場になってもケアされた時の枠組みが影響する例として、

8   I部　本研究の問題と目的

IWMや虐待の世代間伝達があるが、一方自分を必要としている者のケアを
する経験は、相手に合わせながら相手の発達や適応を促す中で、自分を変え
ていくことでもある。それを続け習熟していくことは、成人としての自我を
発達させ、対人的枠組みや対人的認知のあり方にも影響する可能性があると
考えられる。

　そのような成人期の経験によってIWMや対人的経験のあり方に変化が見
られるのか、そして何がそこに関与しているのかについて縦断的検討を行う
ことが第1の目的である。

目的2．青年期から成人期にかけての母親との関係の検討

　従来の縦断研究は、内容としてはパーソナリティ特性や愛着、適応が多い
が、本書ではIWMや適応の他に、母親認知や母娘関係についても検討する。
　従来の発達心理学における「発達」は乳幼児期から青年期に焦点があった
ため、親子関係の発達は、乳幼児期の愛着形成の問題と青年期の心理的離乳
の問題が取り上げられることが多かった。そして心理的にも現実的にも全面
的に親に頼り切っている幼少期から、徐々に頼り方を変え、反抗的になった
り心理的に距離を置くようになっていき、その後感謝の気持ちをもったり一
人の女性として見る様になるというような発達的変化は、横断的データだけ
でなく、同一人物による回想的な資料にも見られることを、山岸（2000）は
看護短大生98名[注2]の生育史を分析することにより示している。

　青年期にはそのように「心理的離乳」が進み、青年期が終わり成人期にな
る頃までに、親子関係は対等な人間間のつながりとして再体制化されると考
えられている。但し親子関係の検討は、子どもとして親に依存している青年
期までがほとんどであった。成人期の発達としては、いかにして一人の女性
が母親になっていくかという「母性の発達」の研究として（大日向, 1988、
花沢, 1992）、またどのような母親のあり方が子どもの発達にとって望ましい
かという形で（Winnicott, 1957/1977、Bowlby, 1979/1981、Schaffer, 1998）、

以前から検討されていた。近年は母親とその子どもとの関係を、より広く母親とその母親との関係を視野にいれてとらえる研究（世代間伝達）や、子どもの発達と関連させるのではなく、成人女性とその母親との関係そのものの検討がなされるようになっている（その背景には高齢化社会になり、元気な老人が増え、いつまでも娘を支配し振り回す親に悩まされたり（斎藤, 2008、信田, 2002）、老親の介護に疲れ果てたりする成人女性の問題が浮上していること、また母子関係のマイナス面も語ることが可能になってきたことと関連し、以前からの嫁―姑の葛藤とは別に、成人女性にとっての実母の重さ、実母との葛藤が語られることが多くなっていることが考えられる）。但しそれらの研究のほとんどは横断的なものであり、個々の変化を縦断的に検討する視点をもつ研究はほとんどなされていない。

　本研究では長期間縦断的なデータを取ってきているため、成人期の経験を積む中で母親との関係はどのように変わるのか、何がその変化をもたらすのか、どのような場合に様々な要因がどのように作用するのかについて、面接データを用いて検討する。

　また長期にわたる縦断研究であるため、生育の過程でもたれた母親との関係と、成人期の母親との関係の関連を検討することも可能である。生育の過程における母親との関係が成人した後の母親との関係にどのような影響を与えるのかは、発達心理学の重要な問題であるが、それを実証的なデータで検討した研究はまだほとんどないと思われる。本研究では、青年期に記述された生育史において母親との関係に大きな問題が見られた事例が、成人期に母親とどのような関係をもっているのか―生育過程における母親との大きな問題は成人期まで続くのかの検討も行う。

目的3．成人期の適応を規定する要因の検討
　幼少期やその後の生育の過程でどのように育てられ、どのような経験をした者が、後にどのような人生を歩むのか、適応的に生きられるのかの問題は、

生涯発達心理学にとって、そして子どもの教育を考えるという実践的な場面でも重要な問題である。精神分析理論（Freud）は幼児期決定論を唱えたが、人間の場合は発達初期の経験が非可逆的、決定的な影響をもたらす下等動物とは異なり、高度の発達可塑性をもっていて、後の経験によって幼少期に培われたものが変わることもあることが様々な研究で示され、どのような状況下でどの程度変わりうるのかの検討もなされつつある（例えば Schaffer, 1998、Werner & Smith, 2001、山岸, 2015[注3]）。

愛着に関しても、早期の愛着の質とその後の IWM との連続性を支持する報告が多くなされる一方、幼少期の愛着対象との関係が良好ではなくても安定した IWM をもつ者（earned secure）が見られたり（Roisman, Padron, Stroufe & Egeland, 2002）、幼少期に虐待を受けたり不遇な状況を生きてきたことを語りながら、ある程度の安定愛着をもつ事例も報告されている（安藤・数井, 2004、金子, 2002、山岸, 2008, 2015）。

近年 earned secure と関係すると思われるレジリエンス―困難な状況に曝されて一時的に不適応状態になってもそれを乗り越える特性や過程―の研究が盛んになされ、縦断的研究もなされているが（cf. 12章）、その多くは幼少期から成長期にかけてであるし、青年期のどのような要因が成人期に影響するかを、回顧的なデータでなく縦断的に検討する研究はまだほとんどなされていない。

筆者は青年期から初期成人期にかけて2つのグループに対して縦断的な検討をしてきたが、その縦断的研究を更に進めることにより、青年期の IWM や対人的要因と成人期の IWM や適応、あるいは成人期の適応との関連が予想される仕事への取り組み方等との関係の検討を行う。質問紙法だけのデータはある程度の数の被調査者から収集できるので、適応の尺度を増やした上で、重回帰分析等の統計的手法を使った検討を行う。また青年期は生育史、成人期は面接資料を用いて、質的でより詳細な分析も行う。面接や生育史による詳細なデータに基づいて反応を典型的な型に分けて、両時期の関連を検

討する。そして青年期にまわりの他者との間に安定した関係を築き安定した対人的枠組みを持っている者と不安定なものしか持っていなかった者が、成人期になってどのような対人関係をもちどのような生き方をしているのか、青年期の要因が成人期をどの程度規定するのかを個別の語りを中心に検討する。

目的4．異なった時期の語りに関する検討

　著者の一連の研究は縦断的研究であるが、青年期以前の語りに関しては retrospective なデータである。被調査者が自分の過去をどうとらえているかは重要であるし（成人愛着研究では過去の愛着経験の語りから現在の IWM が査定される）、山岸（2006a）でも過去の語りと現在のあり方に関連が見られている。しかし「後に語られた過去」ではなく、「当時本人がどのような経験をしたのか」とその後のあり方の関連を見ることは、発達心理学の重要な課題である。「当時の本人にとっての経験」が得られない場合に、その代わりとして時に retrospective なデータが使われることがあるが、「後に語られた過去」は「当時の経験」をどの位反映しているのかが問題になる。

　自伝的記憶の研究において、異なった時期に再生を求めて同じ事が思い出されるかが検討され、安定性は必ずしも高くないこと（詳細は3章、4章で述べる）、Henry 他（1994）の retrospective なデータと prospective なデータを比較する研究でもその一致率は高くないことが示されている。山岸（2006b）も生育史を異なった2時期（7年間の間隔）に記述してもらって、そこに見られる類似性と異質性を検討している。

　本研究では prospective にデータを取っているからこそできる研究として、2回記述してもらった生育史を比較する（山岸, 2006b）のとは異なった観点から、retrospective なデータのもつ意味の検討を行う。方法としては、2つの回想（11年間の間隔）を本人がどう受けとめるか、自分の過去の語りに「一貫性があると感じるか、それとも同じ過去の出来事なのに語りが変わ

っていると感じるか」に関する本人の認知・印象やその解釈について分析する。本人が2つの自己の回想をどう受け止め、異同をどう解釈するのかを語ってもらい分析することにより、「過去の語り」について新たな視点からの知見が得られると思われる。更に縦断研究の各時点でそれ以前と比べて「自分が変わったか」に関する語りについて prospective にデータを収集していき、時間が経ってから retrospective にそれらの時期を振り返って自分の変化について語ってもらい、その比較を行う。「自分は変わったか、どう変わったのか」の認知は、それぞれの時期に何を経験しそれが自分にどう影響したかの認知によって規定されるが、後に振り返る時に各時期の自分の経験や変化は当時と同じようにとらえられるのか、それともその後に様々な経験をすることで異なったものとしてとらえられるのか―retrospective なデータと prospective に取られたデータの関連性について検討する。

注

〈1〉IWM が時期によって変わらないかどうかを、前書および本書のはじめにでは「安定性」と記したが、IWM の型の Secure と用語が似ているため、本書では以後「連続性」を使用する。

〈2〉99名中1名は、記述が少なくて評定不能だったため、分析から除かれた。

〈3〉実証的検討ではなく、小説に描かれた事例の分析であるが、どのような状況下でどの程度変わりうるのかが検討されているといえる。

2章　本書の構成

　本書はⅠ部に続き、以下のⅡ部からⅥ部で構成されている。

　Ⅱ部は回想（語り）についての分析である。人は自分の過去について様々に語るが、それは本人の主観的な「物語」であり、客観的な事実とは限らないとされるが、本研究では過去の語りのズレについての本人の印象・解釈について検討する。3章では11年の間隔をおいて記述された2回の過去の語りを本人がどう感じるかについての分析、4章では複数の時点で現在の自分が以前と変わったかを語ってもらい（prospective）、後に retrospective に「自分が変わった時期」について語ってもらい、prospective と retrospective の語りを比較する。つまり以前に各時期で語ったことと、後に同時期について語ったことがどの位一致しているのか。また本人はそのことをどう感じ、どう解釈するのかについて検討を行う。

　Ⅲ部は青年期から成人期にかけて、対人的枠組み（IWM）とそれとの関連が予想される対人的認知に関する要因が、どの位変化するのか、あるいは連続的なのかを縦断的に検討した2論文である。2006年の著書でも2年後と4年後の分析を行ったが、本研究では5章では11年後までの4時期、6章では別のコホートでより長期間―19年間のデータを分析し、また6章では面接のデータも使って、変化と関連する要因についても検討する。

　Ⅳ部は母親認知に関する5つの研究で、成人女性が自分の母親についてどう語るかを検討した。山岸（2000）では青年期に語られた幼少期から青年期までの母親認知や関係性について、発達による違いが検討されたが、7章ではその者たちが11年後成人期になって、母親をどのように語るのか、その変化を検討する。8章では子どもをもち自分が母親になることの影響を検討するために、7章のデータを母親群と未母親群に分けて比較する。9章では青

14 　I 部　本研究の問題と目的

年期に記述された母親認知と成人期の母親認知との関係のパターンについて
典型的な事例を取り上げながら質的分析を加え、そこに働いている要因は何
かを検討する。10章では30才前半と後半の比較を行い、11章では長い時間が
経過すると母親との関係は変わるのかの問題を、青年期やそれ以前に特に関
係が悪かった 5 名の17年後の母親との関係を分析することによって検討する。

　V 部では成人期の適応に影響する青年期・成人期の対人的要因の検討を行
う。発達のある時期のあり方や経験が後にどの位、どのように影響するかを
明らかにすることは発達心理学の中核的なテーマであり、長期間縦断的な研
究を行ってきた本研究でも、青年期のあり方が後の発達にいかに関与するか、
その関連性を検討することは大きな目的である。青年期の IWM や対人的要
因が成人期の適応全体や仕事への取り組み方に影響するかどうかについて、
2 つのコホートで検討を行う。12章は第 1 のコホートを用いて、青年期は生
育史、成人期は面接資料を用いて質的分析を行い、13章は第 2 のコホートを
用い統計的手法を使った量的分析、14章は第 2 のコホートでの質的分析であ
る。

　VI 部では以上の12の研究から得られた結論を述べた。

　なお縦断研究は 2 つのコホートで行ったが、その全体像は表 1 の通りであ
る。本書はコホート 1 の2010年、コホート 2 の2005年、2011年のデータに関
する研究をまとめたものである。

　12の研究は相互に関連し、内容が重複している部分があるので、それらは
できるだけ省略するようにした。但し 5 章は英文の論文であるため、独立し
て読んでもわかるように省略せずに収録した。

　被調査者の人数やデータの収集方法については各章の「方法」で述べるが、
全体像を示すために、表 2 に II 部から V 部の 3 章から14章―研究 1 から研究
12の研究の方法について概要をまとめた。2 つのコホートのどちらか、何年
から何年のデータか、被調査者の人数、データの収集方法である。

表1 調査の全体像

コホート1

	1	2	3	4
実施年	1990	1991	1995	2010
被調査者の年齢	20-22	21-23	25-27	40-42
質問紙	―	○	○	○
生育史	○	―	―	―
面接	―	―	―	○
質問紙回答者数	―	41	31	19
生育史回答者数	50	―	―	―
面接参加者	―	―	―	11

コホート2

	1	2	3	4	5
実施年	1994	1996	2001	2005	2011
被調査者の年齢	20 22	22-24	27-29	31-33	37-39
質問紙	○	○	○	○	○
生育史	○	―	○	―	―
面接	―	―	―	○	○
質問紙回答者数	99	69	35	51	40
生育史回答者数	99	―	35	―	―
面接参加者	―	―	―	20	19

16　Ⅰ部　本研究の問題と目的

表2　本書における12の研究の方法の概要

章	研究	コホート	実施年	被調査者数	データ収集法
3章	研究1	2	1994-2005	20名	生育史・面接
4章	研究2	2	1994-96-2001-2005	20名	質問紙・面接
5章	研究3	2	1994-96-2001-2005	35〜99名	質問紙
6章	研究4	1	1991-2010	15名	質問紙・面接
7章	研究5	2	1994-2005	20名	生育史・面接
8章	研究6	2	2005	20名	面接
9章	研究7	2	1994-2005	20名	生育史・面接
10章	研究8	2	2005-2011	20・19名	面接
11章	研究9	2	1994-2011	5名	質問紙・生育史・面接
12章	研究10	1	1991-2010	9名	質問紙・生育史・面接
13章	研究11	2	1994-2011	40名	質問紙
14章	研究12	2	1994-2011	19名	質問紙・面接

　全ての研究は所属している学部の研究等倫理委員会の承認を受けて行っている。結果の提示は、匿名で個人が特定化されないようにして行い、論文化に際しては個人が特定化される可能性がある情報は曖昧化する等、特に配慮した。

II部　回想（語り）についての分析

3章 11年前に記述した生育史と現在の回想について 30代女性がもつ印象 （研究1）

I. 問題と目的

　人が自分の過去について語る時、語るその人の現在のあり方によって語りの内容は異なるのだろうか。過去の語りに関しては、ライフストリー研究やナラティブ研究として近年研究が盛んに行われており、それらによれば、過去の語りは過去に現実にあった経験がそのまま語られるのではなく、その経験を本人が意味づけ再構成化されたものであり、どのような経験が過去になされたかという事実だけではなく、それをどうとらえるかという現在のあり方が関係していることが指摘されている（やまだ, 2000）。

　現在のあり方が過去の語りに反映されることの検討は、上述のような語りの質的分析だけでなく、記憶研究でも検討されている（高橋, 2000、佐藤, 2001）。記憶されたものの再生には、再生時の状態・状況が関与し、その時の気分と合うものが再生されやすいこと、自伝的記憶の想起も想起時の感情状態やうつ傾向、本人がもつ暗黙理論が影響することが示されている（高橋, 2000、佐藤, 2001）。自伝的記憶研究においては、異なった複数の時期に再生してもらって、その異同を検討する研究もなされている（佐藤, 1998, 2001、神谷, 1997, 2002）。但しそれらの研究では語りというよりは単発的・断片的な記憶であり、また複数の時期の間隔は1ヶ月（神谷, 1997）、2ヶ月（佐藤, 2001）、3ヶ月（佐藤, 1998）、1年（神谷, 2002）というものである。

　複数の時期の間隔を長く取り、生きる状況が大きく変わったり発達的に異なった時期に同様の事柄について語ってもらって、2時期の語りを比較する

ことは、語る時期のあり方が過去の語りにいかに反映されるものなのかを明らかにするための1つの有力な方法になると考えられる。そのような観点から、山口（2002）は2年半の間に3回の面接を行っており、また山岸（2006b）は7年間の間隔をおいて同一の者に同じ形式で生育史を2回記述してもらい、2回の回想の比較を行っている。山岸（2006b）の研究では1）7年の間隔をおいても2時期に記述された生育史の内容の類似性はかなり高い、2）類似性がある一方、変化もあり、同じエピソードが異なって語られたり、以前の語りとは肯定度・否定度が変わったり、新たなエピソードやコメントが加わったり消えたりすることがある、3）特に同じエピソードが以前よりも肯定的に語られるというような肯定化が多い、4）否定的なものの方が入れ替わりが多く、否定的な事柄のとらえ方や記憶はより不安定であることが報告されている。この研究では7年間という長い間隔を置いて縦断的な方法で、過去の語りの同質性・異質性が数量的・実証的に示されている。

　これらの研究では、同質性・異質性の査定は、記述されたものや語られたものから研究者が行っている。それも1つの指標であるが、研究者の目から見て同質・異質なことが本人にとってもそうなのかはわからず、本人が複数の自己の回想をどう受け止め、異同をどう解釈するのかを分析することにより、「過去の語りとは何か」の問題を別の視点から明らかにできると思われる。

　本研究では2つの回想を本人がどう受け止めるか、自分の過去の語りに一貫性があると感じるか、それとも同じ過去の出来事なのに語りが変わっていると感じるのかに関する本人の認知・印象やその解釈についての分析を行う。本研究の被調査者は今まで行ってきた一連の縦断研究（山岸，2006a）の被調査者であり、看護短大卒後10年、30代になった成人期の女性である。彼女たちに面接調査を行い、幼少期から短大時代の生育の過程を再度回想してもらい、現在の回想と11年前に書いてもらった生育史の記述を比較して、どのよ

うに感じるか、本人の印象の分析を行う。

Ⅱ．方法

1．被調査者

看護短大の卒業生で、3年在学中の1994年の調査に回答した99名の内、現住所がわかり、且つ2001年の調査時に資料を研究に使うことに同意しなかった者を除く66名に、郵送による調査依頼を行った（山岸, 2006a）。それに回答した51名の内、更に面接調査に応じた20名。その内10名は1994（Ⅰ）／1996（Ⅱ）／2001（Ⅲ）／2005（Ⅳ）の4時点、8名は3時点（Ⅱなし1名、Ⅲなし7名）、2名は2時点（ⅡⅢなし）で質問紙調査（託摩・戸田（1988）の内的作業モデル（IWM）尺度の18項目（Secure、Ambivalent、Avoidant各6項目）やエゴグラム、親の養育態度、各時期の適応感等）に回答している。

年令は31〜33才。現在の職業は看護師8名、保健師2名、助産師1名、養護教諭1名、パート職3名、専業主婦5名である。既婚者が11名、子どもがいる者8名、妊娠中2名。居住地は千葉6名、東京5名、神奈川、長野、茨城2名、鹿児島、福岡、京都各1名。

2．調査時期

1回目－1994年5月　2回目－2005年7月〜9月

3．手続き

1994年－「対人的関係の中でのパーソナリティの発達」に関する発達心理学の講義の後に各自の生育の過程を書くレポート課題を課し、約10日後に提出させた。B4の用紙を4×3の欄に分割し、4つの時期－乳幼児期、小学校時代、中学・高校時代、高校卒業以降－それぞれに関し、以下の3つの観点別に自由に記述してもらった。3つの観点は、対人的環境をどうとらえ、どう感じていたか、まわりの他者はどういう意味をもっていたかを直接的、間接的にとらえるためのもので、1）"どのような時期だったか（どのよう

な赤ちゃん、幼児、小学生…だったか)、どのように育てられ、それをどう感じていたか" 2)"どんなことがあったか(自分にとって重要だったこと、楽しかった、嫌だった、つらかったこと etc.)" 3)"自分にとってまわりの人(母親、父親、兄弟、友人、教師 etc.)はどんな意味をもっていたか、誰が自分にとって重要だったか"である。

2005年−2004年10月に、「過去から現在の対人的経験の認知や対人的枠組みが変わるのか」についての質問紙調査への協力依頼を郵送で行い、更にその回答者に「今まで縦断的研究に協力していただいたが、それらの調査のことや現在のことについて面接調査をしたい」という依頼を行った。日程を調整して、大学の研究室まで出向いてもらった。

面接では、幼少期から短大時代までがどのような時期で、どのようなことがあったのかを語ってもらい、その後11年前に本人が記述した生育史を読み、どういう印象をもったか自由に語ってもらった。但し一部、今回との比較でなく、1994年と2001年に記述した2つの生育史の比較を述べている場合の印象も含まれている(それらも過去について異なった時期にもたれたとらえ方の一部と考えられるので、分析対象とした)。なお生育史の内容によっては、生育史を見せずに「そのことが以前にも同じように書かれていたが、どう思うか」「以前は〜のように書かれていたがどう思うか」というように、部分的に取り上げて尋ねた場合もある。

所要時間は卒業後の出来事や自分の変化、現在のこと等も含めて1時間程度。了解を得て、ICレコーダーに録音して書き起こした。

4. 倫理的配慮

1994年−プライバシーにかかわることなので、"誰々が−だった"という形では口外しないこと、書きたくないことは書かなくてよいことを伝えた。

2000年10月の調査依頼時に、1994時に書いた生育史の内容を、研究成果として公表することに関する informed consent の書面を同封し、匿名で公表することの諾否を書面で回答してもらい、同意し且つ調査協力に応じるとし

た者のみを調査対象者とした。

2005年—プライバシーにかかわる調査への複数回の協力、遠方からの参加への謝辞を述べてから、言いたくないことは言わなくてよいこと、研究以外で口外することはないが、研究誌に匿名で公表する可能性があることを伝え、同意書を提出してもらった。更に手続きにも書いたように、前回の記述においてネガティブ度が強いことが語られた場合は、時に記述を見せないというような配慮をし、また面接中にネガティブ度が強いことが語られた場合は、できるだけ共感的に話を聴き、その後雑談も含めて肯定的な話に戻るように配慮した。順天堂大学医療看護学部研究等倫理委員会の承認を得た。

Ⅲ．結果と考察

1．カテゴリーの設定

読んでどう感じたかについての20名の回答を熟読し、7つのサブカテゴリー（①～⑦）・4つのカテゴリー（Ⅰ～Ⅳ）を設定した。カテゴリー・サブカテゴリーと各々の例は表1の通り。カテゴリーは、Ⅰ「今回と同じで変わらないという印象」、Ⅱ「今回と異なるが以前のこともわかる」、Ⅲ「今回と以前の内容が異なっている」、Ⅳ「以前には記述がない」の4種類である。

なお上記の分類において、以前と同じか異なるかは本人の印象であり、現在の語りと以前の語りの類似性・異質性を研究者が評定した山岸（2006b）とは観点が異なっている。但し⑦に関しては本人の印象だけでなく、こちらから指摘して確認した場合もある。以前記述されなかったがその時に言われれば思い出したのか（Ⅱに該当）、言われても記憶になかったのか（Ⅲに該当）わからないため、別のカテゴリー（Ⅳ）とした。

各被調査者の回答がどのカテゴリーに該当するかの評定を行ったが、複数のカテゴリーへの評定も可とし、また1つのカテゴリーに複数個見られる場合もカウントは1とした。評定の具体例を以下に示す。

24 Ⅱ部 回想（語り）についての分析

表1 本人の印象の分類とその例

Ⅰ．今回と同じ印象
①同じ感じ・よく覚えている
1）全体的なコメント：全体的に同じであることの言明
例「ほとんど同じですね」「そういえばそうということばかり」
2）部分的なコメント：ある部分を指摘し取り上げ、同じだとする回答
例「このことは今の気持ちと同じです」「～なんて本当にこの通り」
「すごく思い出して今でも同じように思います」
3）生育史に沿って同じ事を語る場合
4）読むと確かにそうだと思う（「確かにそう」が中心。③は「忘れていた」が中心）
例「ここは納得。ああそうだったなーと思う」
②よく覚えていて感心した・驚いた
例「こんなにたくさん書いてあって信じられない」「細かいことをよく覚えていると思った」「端的に言っていてびっくりした」
Ⅱ．今回と異なるが以前のこともわかる
③忘れていたが、思い出した（「忘れていた」が中心）
例「苦痛だったことは忘れていたが、確かにあった。楽しいことしか覚えてなかった」「言われてみれば～ということがあったかもしれない」
④内容は変わったが、両方わかる
例「その時はそう思ったけれど、時間がたつと他のこともあるから変わったのだと思う」「当時は悩んでいたのだろうけど、今はあまりそう思わない」
Ⅲ．今回と以前の内容が異なっている
⑤以前のことは覚えていない・記憶にない
例「記憶にない。まわりの人から聞いたことだと思う」「そうだったのか覚えていない」
⑥内容が変わる：「覚えていない」だけでなく、「今はそう思わない」と言ったり、違うことを語る
例「～と書いているが、今は違う」「～とあるが、自分が親になってみるとそう思わない」
Ⅳ．以前には記述なし
⑦以前は書いてなかった

「(たくさん書いてあって) 信じられないですね（②）。浦安の時何にも感じられないと思っていたんですが、私こんなに書いていたんですよね（②）。(幼児・小学校・中学校時代のこと) よく覚えています（①）。ただ今は楽しかったこととして一まとまりになっていますが。高校時代以降の記憶はあまりこれこれってないけれど、小・中はよく覚えています。いじわる○○○（自分の名前）がずる休みとか（笑）。ああこれも。救急車、真剣にこわかったです（楽しそう）（①）

「グチをこぼすと期待通りの返事を返してくれない親に悲しくなる」というところが不思議。こういう風に短大時代に思っていたのも不思議。今だったらこんな風に書かないと思う（⑥）。」( ) 内は筆者による補足　→①②⑥に評定

２．カテゴリー別の集計

　上記のカテゴリー・サブカテゴリーに該当する人数は表２の通り。表２の右の列は、同じカテゴリーに属すサブカテゴリーは区別しないで集計したものである。

　20名の回答から58の印象がカテゴリー・サブカテゴリーに分類された。分類の客観性を見るために、２ヶ月後に再評定を行った。58の内55が同一のカ

表２　各サブカテゴリー・カテゴリー該当者数

			ケース数	
I	①	同じ感じ・よく覚えている	17	17
	②	よく覚えていて感心・驚き	6	
II	③	忘れていたが、思い出した	7	10
	④	内容はかわったが両方わかる	6	
III	⑤	覚えていない・記憶にない	8	16
	⑥	内容が変わる―今は違う	12	
IV	⑦	以前は書いてなかった	6	6
		計	62	49

26　Ⅱ部　回想（語り）についての分析

テゴリーに分類されたが、新たに４つの評定が加わり計62になった。本研究では２回目の評定を採用する。一致率は２回とも評定されたものに関しては55/58＝94.8％、カウントされなかったものを不一致とすると55/62＝88.7％であった。一定程度の客観性はあるといえる。

　一番多くみられたサブカテゴリーは①「今回と同じ印象」であり、現在も11年前と同じことを思いだし、以前に書いたことを今もよく覚えているという印象の表明が17名から述べられた。１）から４）の数については、１）全体的なコメントが６、２）部分を取り上げたコメントが８、３）生育史に沿って同じ事を語る者２、４）「読むと確かにそうだと思う」という言明が３（複数分類）であり、２）、次いで１）が多かった。

　②は以前の記述に対する感嘆の言葉であり、どれも今回と回想内容が同じであるが、その内容が詳しいことや沢山書いてあること、端的に書かれていること等に驚いたという言明であり、６名に見られた。６名とも①にもカウントされている。

　Ⅱは「今回の回想と異なるが、以前のこともわかる」という言明だが、③「今回忘れていた」「思い出さなかった」（「でも読んでいて思い出した」）という回答は７名に見られた。Ⅲは「今はそう思わない」のに対し、Ⅱの③は「そういえばそうだった」というものであり、11年前は印象深かったが、今回は印象が薄れて自ら思い出すことはなかったが、言われてみればわかるというようなものである。

　④は「二時期で内容は異なっているが、確かに両方の思いがあった」という言明で、６名が述べていた。③は「忘れていたが思い出した」にとどまるが、④は「その時期の嫌なことを思い出したか、明るくなったことを思い出したかの違いで、どちらもあったこと」「その時は〜だから〜と思ったけれど、今はあまりそう思わない」というように、より積極的に現時点で両方の気持ちがわかるとするものである。

　Ⅲは「今と以前は異なる」と感じたものである。⑤「記憶にない」と述べ

る者が8名見られ、友人とのいざこざや進路に関する迷い、両親への気持ち、ある時期のある人との出来事等、「思い出せない」ということが語られた。「全然記憶にない。何をもってこう書いたのかわからない」という者も見られた。「母から聞いたことであり、具体的には覚えていない」という者も3名見られた。

　⑥「内容が変わり今は違う」とする者は12名に見られ、「思い出が変わってびっくり」「～と書いてあるのが不思議。今だったらこんな風に書かない」という感想が見られた。親に対する気持ちや印象、教師への思い、自分の性格のとらえ方、各時期で印象的なこととして語られている内容等、様々なことで11年前とは異なるということが語られた。なぜそのように異なるのかを自分なりに分析する者と、「何でこんなに変わったのかわからない」と変わったことへの驚きを表明するだけの者が見られた。

　⑤か⑥どちらかに該当し、Ⅲ「今回と以前の内容が異なっている」に該当する者は16名であり、全体の8割は回想内容の変化をあげていた。

　Ⅳの⑦は、今回語ったことが1994年には記述されてなかったことについての言明である。6名が新たに過去の出来事や思いを語っていた。内容的には否定的な出来事や、それに伴う内面的な思いが新たに述べられることが多く、6名中5名は否定的なことであった。あるいは⑦にカウントされたわけではないが、以前には漠然と書くだけだったことが明確に語られるようになる場合に関しても、否定的・内面的な事柄が多かった。

　以上のように、以前に記述した生育史に関して、同じことが語られているという印象をもつ者が多く、ほとんどの者が①を述べていたが、その一方で語りが異なるという印象も多いことが示された。忘れていたがそういえばそうだという場合や、記憶にないという場合、あるいは今はそう思わないという者が見られ、特に「今回と以前の内容が異なっている」と回想内容の変化を8割の者があげていた。

28   Ⅱ部　回想（語り）についての分析

表3　被調査者が該当したサブカテゴリー数・カテゴリー数

	1	2	3	4	5	6	計
サブカテゴリー	2	5	5	6	1	1	20
カテゴリー	2	8	9	1	／	／	20

表4　同じ／異なるという印象の語りに関する分類への該当者数

	ケース数
Ⅰ（同じ印象）だけ	2
Ⅰなし・ⅡⅢⅣ（異なる印象）だけ	3
Ⅰ＋ⅡⅢⅣ（～は同じだが～は違う）	15
計	20

3．2回の回想が同じか異なるかの印象についての個人差

　2回の生育史に関する印象は、語る量に関しても語り方に関しても様々であったが、各人がいくつのサブカテゴリーにカウントされているかについても、表3にあるように様々で、1つのサブカテゴリーのことしか述べない者から多種の印象を述べる者もあった。表4は同じという印象と異なるという印象を語っていたかどうかに関する3つの型に該当する者の人数である。

　11年前の記述と現在の回想とを比較した印象は、基本的に「～は同じだが、～は違う」という回答であり、ⅠとⅡⅢⅣの両方を述べる者が多かった。一方「同じ」という言明がなく異なる印象だけの者が3名見られた。彼女たちの語りに同じ部分がないわけではないが、彼女たちは2回を比較して違うところだけを言っていた。2回の語りは同じで当たり前と考えてそのことは言わず、2回の語りを同じように対象化し客観的に比較した印象が述べられている。例えば以下のように印象が語られている。

　　「〔生育史を読んでどうですか？〕幼児期のあたりとか、祖母について書いてあったり、好きな遊びについて書いてあったりするので驚きまし

た。祖母のところへは今も時々遊びに言ってはいます。けど、こういう
ふうに書いてあるとは思わなかった。今学校生活について主に話しまし
たけど、これには家族のことが結構書いてあるな、って感じました。
〔今は家族のことは思いつかない？〕言われれば…。その時は両親と一
緒に暮らしてたので、書いたんでしょうけど。今は別々に住んでいるか
ら、自分の生活っていうのがあるから、あんまり出てこなかったのかも
しれないですね。〔看護を目指すのに母の反対があったとありますが？〕
今になると、そういえばそうだったんだくらいですね。書いた時は重要
だったんですね。今は逆に私が看護師で、普通の人より知識があるから、
逆に聞かれたり頼りにされることもある。…」（〔　〕内は筆者の問い）

　それに対して、「違う」ということを言明しなかった2名は、ただ「同じ
です」と言うだけであったり、前と同じ事を語り続けるだけで、客観的に比
較しようとしなかった。その一人は「過去の自分は好きではない」と言って
おり、課題として自分の過去を語ってはいるが、比較に際しては「本当に同
じ感じ」と切り上げてしまっている。

　　　「〔生育史を読んでどうですか？〕書いていた時のことを思い出しまし
　　た。けど変わったこととかはないですね。全部この通りの印象のままで
　　す。青年期のここ（どんなことがあったか）なんてホントにその通りだ
　　と思います。青年期のここ（重要だった人）もホントにそんな感じ。親
　　と葛藤がありました。」

　もう一人は2回を比較するのでなく更に同じ過去を語り続けるという行動
をとっている。11年前に語った過去の自分を現在の自分から切り離して振り
返ることなく、現在の自分が見る過去を思いつくままに語っている。どちら
も11年前に語った自分と現在の自分の違いを認めず、1つの視点だけになっ

てしまっているといえる。

　多くの者は両方の印象を語っていたが、違うということだけ、同じということだけを語る者も見られた。両方の印象を語る者と、違うということだけを語る者は、共に2時期の語りを対象化し第3の視点から語っているといえるが、同じということだけを語る者は1つの視点から語っており、2回の回想の印象に関する個人差には、そのような視点のとり方の違いが関与していると考えられる。

4．内容が変わったことについてのコメント

　自分の過去にあったことの回想は、基本的には現実にあったことを思い出すことであるため、いつでも同じことが語られると被調査者は思っていたと思われるが、上記のようにⅡⅢⅣの印象も多く見られた。そのように自分が過去を異なって語ったという事態に直面して、驚いたり「何でこんなに変わったのかわからない」とする者も見られたが、一方で違ったことの意味づけをし、自分なりに解釈しようとする者も見られた。

　③では、11年前は印象深い出来事だったが、その後の経験で印象が薄れたり、当時のつながりがなくなって忘れていたというコメントがなされた。例えば「海外旅行によく行くので、高校時代のアメリカ留学のことを忘れていた」とか、「先生の死や乳児期の自分の入院のことも、当時は衝撃的だったが、病院では死の経験が多かったので、今回は取り立てて思い出さなかったのだと思う」と語られている。

　④に関しては、「（以前と違って）短大が楽しかったと思うのは、生徒に聞かれて話すので、そういえば楽しかったと思うようになったのだと思う」「（以前詳しく語られていた小学生時代の教師のことの語りが簡単になったことに関して）先生への思いが以前は強かったのは、学生だったので先生という存在に親近感があったからだと思う」「家族のことが多かったのは、両親と暮らしていたからで、今は別々に自分の生活があるから言わなかったのだ

と思う」「(クラブ活動のコーチに対する気持ちが変わったことに関して)年取って関係性が変わったので、昔ほどこわくなくなったのだと思う」等、自分を取り巻く状況の変化やそこでの経験に由来するという解釈を語っていた。

　あるいは「いじめられたこと」や「中・高校時代の先生」のとらえ方が大きく変わったと感じている者は、そのことについて「現在は仲良しになった」「自分が先生になった」という状況の変化をあげ、「いじめは嫌なことだったが、周りはやさしかったなあとか、今は仲良くしている自分を思うと、なんだ、いい奴だったんだと思う」「教員になりたいと思ったら、いい思い出がでてきた」と述べている。更に「人生の中でのその時期の割合が減ってきて、小さなことになった。いいことだけ覚えているようになった」「先生になろうと思って色々思い出すと、中学はいじめられていた割にすごく暖かい学校で、なんか好きだし、高校もすごく楽しくて…　学校がすごく好きで学校にいたかったから、先生になりたいと思った」と語られている。1994年時には、中学時代はいじめられ、高校時代は「いろいろな仕事を押しつけられてつらかった」と語っていたが、そのとらえ方の変化を「看護師として働いた後教師になろうと思って勉強し、養護教諭になった」という自分の物語に合わせて説明している。

　以前語られなかったことを語った⑦に関しても、「(今回語ったのは)働いて、色々な人とつきあって、両親のこともわかったからだと思う」と述べ、「そのことを友人に初めて言ったのもその頃」であり、その友達との関係や自分の内面の変化がそうさせたと語っていた。また「当時は自分のことが主体だったため、家族のことはあまり語らなかったが、その後は自分のあり方が変わったから」とする者もいた。様々な経験を積み、自分自身が変わったことが、語りを変えていることが述べられている。

　以上のように、自分の過去の語りが以前とは異なっていたという事態に直面すると、驚いたり「何でこんなに変わったのかわからない」とする者が見られる一方、違ったことの意味づけをし、自分なりに解釈しようとする者も

見られることが示された。

Ⅳ．討論

　本研究では、11年前（看護短大在学時）に生育史を書いてもらった成人期（30代）の女性に面接調査を行い、幼少期から短大時代の生育の過程を再度回想してもらい、現在の回想と11年前に書いてもらった生育史の記述を比較して、どのように感じるかを語ってもらって、その印象の分析を行った。その結果、同じことが語られているという印象をもつ者が多い一方、語りが異なるという印象も多いことが示された。「忘れていたがそういえばそうだ」という場合や、「記憶にない」という場合、あるいは「今はそう思わない」という者が見られ、「記憶にない」あるいは「今はそう思わない」と回想の内容が変化した印象をもつ者が計16名に見られた。全体的には「〜は同じだが、〜は違う」という回答が多いが、「同じ」という言明がない者や、「違う」という言明がない者も数名ずつ見られることも示された。また以前書いていないことを語る場合はネガティブで内面的な語りが多い傾向が見られた。

　両方の印象を語る者と、違うということだけ、同じということだけを語る者の語りの違いは、2時期の語りを共に対象化し第3の視点から語るか、1つの視点から語るかというような視点のとり方の違いであると考えられる。2回について「同じ」とだけ言う者は、11年前に語った自分と現在の自分の違いを認めず、1つの視点だけになってしまっていることが指摘された。

　内容がかわったことについては、驚いたり「何でこんなに変わったのかわからない」とする者が見られる一方、違ったことの意味づけをし、自分なりに解釈しようとする者も見られた。彼女たちは過去の回想が2時期で異なることを、自分を取り巻く状況の変化や自分のあり方の変化に由来するとしており、過去のとらえ方の変化を、現在もつ全体的な自分の物語にあわせて説明していた。松島（2002）は、記憶の変化は対象化したり把握することがむずかしく、「5年前のことを2年前にどのくらい覚えていたか、現在覚えて

いるか」という問いに答えることの困難さについて論じているが、以前の語りを知らせて自分の記憶の変化を示されると、そのことを受け入れて自分なりに意味づけようとする者が見られることが示された。それは共に「自分」でありながら異なったことを語っている2時期の「自分」を矛盾なく「自分」として統合するためになされていると考えられる。

Reed（1994）は、想起において主体は「過去の自己」と「現在の自己」が二重化された状態にあり、「現在の自己」は「過去の自己」を留めておきながら「現在の自己」として存在するとしている（松島,2001）が、本研究は「過去の自己」を語る時期Ⅰの「自己」と時期Ⅱの「自己」に対する「現在の自己」の印象を問うものである。「自己」という連続したはずのものが異なっていることに直面した時、それらの自己をつなぐような形で意味づけが行われていると言える。

このことは「我々は暗黙理論を利用して、過去の自分の姿を再構成する」とするRossらの見解（高橋,2000、佐藤,2001）が、過去の再構成だけでなく回想の変化の解釈にも見られ、現在の自分の物語や暗黙理論と整合的になるように回想の変化が語られることを示している。暗黙理論によって再構成されるのは自伝的記憶だけでなく、回想の変化の解釈も自分の物語や暗黙理論に基づいて語られることが示されたといえる。そしてこれらのことに関しては個人差が大きく、異なった語りをする複数の自己を統合的につなぐ解釈をする者もいれば、2時期の違いを認めず、1つの視点だけになってしまう者も見られた。

なお以前書いていないことを語る場合はネガティブで内面的な語りが多いということに関しては、1994年の生育史の記述時には「書きたくないことは書かなくていい」という教示が明確だったのに対し、今回の面接でははじめの挨拶時に「言いたくないことは言わなくてもいい」と伝えたが、他のことと共に伝えたため、受けとめ方が異なっていた可能性があるし、また面接という場面が内面的なことを引き出した可能性もある。自伝的記憶や想起とい

う現象は、語り手だけでなく聴き手との関係や聴き方によって異なることが指摘されているが、2回の回想時の場面や関係性の違いが関与していると思われる。

　以上のように、回想する本人に生きる状況が大きく変わった2時期の語りを比較してもらったところ、同じことが語られているという印象をもつ者が多い一方、「回想の内容が変わった」という印象も頻繁に見られ、その変化を自分をめぐる状況の変化や自分のあり方の変化と関連させて解釈する者も見られた。このことは、過去の語りは現在のあり方の影響を受けて再構成されるという最近の心理学が明らかにしてきている知見が語りの変化に関しても見られることを示しているといえる。但しこれらのことに関しては個人差が大きいことも示された。どのような者がどのような印象をもつのか、今回はほとんど検討することはできなかったが、今後今までに得られた様々なデータと関連させて、また更に縦断的研究を続けることによって検討していきたいと考える。

4章 自分の変化の自覚と後の回想との関連
－20代から30代にかけての縦断的検討－
（研究2）

Ⅰ．問題と目的

　過去についての本人の語りに関する研究は、ライフストーリー研究やナラ
ティブ研究として、また自伝的記憶の問題として、近年研究が盛んに行われ
ているが、過去の語りとは過去に現実にあった経験がそのまま語られたもの
ではなく、本人によって再構成化されたものであり、どのような経験が過去
になされたかという事実だけではなく、それをどうとらえるかという現在の
あり方が関係していることが指摘されている（やまだ, 2000）。成人愛着研究
（Main et al., 1885）においても、過去の愛着経験の語りから現在の内的作業
モデルが査定されており、現在のあり方が過去の語りを規定することを前提
としている。

　一方発達心理学では過去の語りがretrospectiveなデータとして使用され
ることがある。発達は時間の経過の中での変化といえるが、その検討は横断
的なデータによって異なった年齢集団の平均的変化に基づいてなされること
が多く、同一集団を縦断的に追う研究は少ない。同一集団の変化を簡便にと
らえる方法としてretrospectiveなデータを使用する場合もある。以前のこ
との情報を後の回想によって得て、それを現在を規定する1つの要因として
考えるわけだが、後の回想、retrospectiveなデータがどの位過去の現実の
経験（当時の本人にとっての経験）を反映しているのかが問題になる。

　Henry他（1994）はprospectiveに追ったデータとretrospectiveなデー
タを比較し、retrospectiveな方法で過去を構成できるかについて検討して

いる。3才から18才までほぼ2年間隔で8回縦断的にデータを収集し、18才時に児童期・青年期に関して retrospective なデータを取り prospective なデータと比較しているが、1）相関はあっても一致率は高くないこと　2）心理・社会的変数は相関も高くないことが示され、retrospective なデータは注意して使用することが必要としている。

　自伝的記憶の研究においても、異なった時期に再生を求めた時に同じ事が思い出されるか否かの検討がなされている。1ヶ月（神谷,1997）、3ヶ月（佐藤,1998）、1年（神谷,2002）の間隔で半数近くが入れ替わっており、何を思い出すかは再生時の状態等の影響を受け、自伝的記憶の安定性は必ずしも高くないことが示されている。

　また生育史を異なった時期に記述してもらって、retrospective なデータのもつ意味について検討するという試みも行われている。山岸（2006b）は青年後期と初期成人期（7年の間隔）に同じ形式で記述された2つの生育史の類似性と異質性を検討し、類似性が見られる一方、変動も見られ、特に同じエピソードを肯定的に語ることや否定的なエピソードが入れ替わるというような変化が多いことが示されている。これは2回の回想の一致・不一致の検討であるが、回想に回想時の状況（発達状況を含めて）が影響しており、回想＝過去の経験ではないことが示唆されている。更に山岸（2007）はその4年後（最初の時期から11年後）に面接調査を行い、自由記述と面接での2回の語りを比較して本人がもった印象について分析している（cf. 3章）。同じという印象をもつ者と異なるという印象をもつ者が見られ、異なることに驚く者もいる一方、異なることを自分なりに意味づけ解釈する者も見られた。この研究は、過去の語りが「現在の自分の物語や暗黙理論と整合的になるように構成化される」だけでなく、回想の変化に対しても自分の物語や暗黙理論に合うように解釈されることを示している。

　本研究でも引き続き「過去の語りとは何か」をめぐる検討を行うが、本研究では2時期に語られた同じ過去を比較するのではなく、各時点で記述され

た「それ以前と比べて自分は変わったか」に関する回答と、時間が経ってから retrospective にそれらの時期を振り返って語られたものから抽出される本人の変化に関する認知との比較を行う。つまり山岸（2006a）の一連の研究とは異なり、今回は遠い過去の生育史ではなく、各時点でそれ以前と比べて「自分が変わったか」に関する語りについて prospective にデータを収集していき、時間が経ってから retrospective にそれらの時期を振り返って語られた自分の変化との比較を行う。「自分は変わったか、どう変わったのか」の認知は、それぞれの時期に何を経験しそれが自分にどう影響したかの認知によって規定されるが、後に振り返る時に各時期の自分の経験や変化は当時と同じようにとらえられるのか、それともその後様々な経験をし状況や本人がもつ枠組みが変化すると、同じ時期の全体的印象が異なった形でとらえられるのかを縦断的データに基づいて検討する。

　また「ある時期の自分をめぐる認知」として Bowlby の IWM をその時期の対人的枠組みのよさの指標としてとらえて、回想との関連の検討も行う。IWM についてはそれを測定する様々な方法が考案されているが、ここでは縦断的研究（山岸, 2006a）で用いられてきた質問紙法のデータを用い、各時期に測定された IWM 得点の変化と後の回想時の語りの変化との関連についても検討する。つまり後の回想において肯定化－否定化した時期には、その当時の対人的枠組みに関する得点もそれに応じた変化をしていたのかどうかを検討する。

Ⅱ．方法

1．被調査者
　31～33才の女性20名（cf. 3章）。

2．質問紙調査
【調査時期】1994年（時期Ⅰ）／1996年（時期Ⅱ）／2001年（時期Ⅲ）／2005年（時期Ⅳ）

【調査内容】Hazan & Shaver（1987）に基づく詫摩・戸田（1988）のIWM尺度の18項目（Secure、Ambivalent、Avoidant各6項目）について5件法で回答してもらう。更に1996年／2001年／2005年には前回の調査からの自分の変化に関する質問を行った。「ここ〜年（前回の調査からの年数）で自分は変わったと思うか」についての4件法の回答、「どう変わったか、何により変わったと思うか」について自由記述で回答してもらった。時期Ⅰは教室において集団で実施、ⅡからⅣは郵送法で行った。

3．面接調査

【調査時期】2005年7月〜9月（質問紙調査の約半年後）（時期Ⅴ）

【手続き】時期Ⅳの質問紙調査依頼時に、面接調査の依頼も併せて行い、研究成果を匿名で且つ個人が特定できない形で公表することの了解を得た。日程を調整して、大学の研究室まで出向いてもらった。面接では、幼少期から短大時代までの生育の過程、そして卒業後にどのようなことがあったか、どのような時期だったか、順を追って語ってもらった。更に「自分が変わったと思う時期があるか、いつ、どう変わったか、何により変わったか」や、親に対する気持ちは変わったか、今までの人生で重要だった事、現在の状況等について自由に語ってもらった。了解を得て、ICレコーダーに録音して書き起こした。所要時間は1時間程度。

　研究デザインが複雑なため、本研究で取り扱うデータを図1にまとめた。

4．倫理的配慮

　3章参照。

Ⅲ．結果と考察

1．変化の指標の抽出

　本研究では複数の時期間の変化について検討するが、質問紙調査をした4時期のⅠ→Ⅱ、Ⅱ→Ⅲ、Ⅲ→Ⅳの変化の他に、時期が抜けている場合はⅡ→Ⅳ等の変化も含めることとした。分析対象とするのは20名の延べ48ケースの

4章 自分の変化の自覚と後の回想との関連（研究2） 39

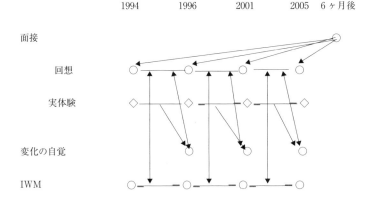

図1 研究デザイン

変化である。1）質問紙調査での自分の変化についての自由記述、2）面接時の回想、3）質問紙調査でのIWMについて、各時期間の変化を抽出し検討を行った。

質問紙調査での自分の変化についての自由記述（Ⅱ、Ⅲ、Ⅳの時期に実施）については、変化の方向が肯定的・否定的の観点から、肯定的変化／否定的変化／肯定的・否定的の両方の記述や肯定・否定とは異なった変化／変化なし（変化なしのため自由記述がないもの）の4つに分類した。それぞれの該当者数は、31、8、7、2であった。肯定的な変化が31（64.6％）と多く、2/3を占めていた。

面接時の回想については、まず短大時代と卒後の語りから4つの時期に該当する回想内容をまとめ、以前の時期の回想と比較して、語りの肯定度・否定度が変化しているかの査定を行った。肯定化／否定化／肯定度の変化なし

40　Ⅱ部　回想（語り）についての分析

に分類した（表1にⅠ→Ⅱ、Ⅱ→Ⅲ、Ⅲ→Ⅳ各々に関して肯定化／否定化／肯定度の変化なしに該当する例を示した）。3つのカテゴリーに該当するケースは各々18、13、17ケースであった（なお面接での回想は質問紙での現在に至る変化に比べて肯定化が少ないが、「肯定化」は肯定度の変化の指標であり、肯定的な語りが少ないわけではない）。

　IWMについては、質問紙調査をした4時期のIWM得点（Secureの合計点×2－Ambivalentの合計点－Avoidantの合計点）を各々算出し、2時期間の得点変化（Ⅰ→Ⅱ、Ⅱ→Ⅲ、Ⅲ→Ⅳ、時期が抜けている場合はⅡ→Ⅳ等）を算出した。48のケースの平均（標準偏差）は－1.04（9.50）であった。

2．回想の肯定度の変化とIWM得点の変化との関連

　回想の変化3群別のIWMの変化得点の平均値（標準偏差）は表2の通りである。1要因の分散分析の結果、$F_{(2,45)}=5.49$で$p<.01$で有意であった。多重比較の結果、肯定化している者は否定化している者よりもIWM得点が上昇しており（$p<.01$）、後からの回想と当時の対人的枠組みのあり方とが関連していることが示された。

　更に上昇・下降の程度が高い者の傾向を分析するために、変化得点が＋6以上を上昇群、－6以下を下降群、他を変化小群とし、IWMの変化得点の3群と回想の変化の3群のクロス表を作成した（表3）。カイ二乗検定で有意差（$p<.001$）が見られた。上昇群は肯定化が8名（80%）と多く、対人的枠組みが好転している者は、後の回想でも対人的経験がよくなっていると認知する者が多かった。下降群は否定化が一番多いとはいえ8名（57%）であり、肯定化の者が5名（36%）見られている。IWM得点が下降しているが回想では肯定化している者の回想内容を見ると、5名中4名が結婚をした時期であった。結婚についての語りは肯定的である一方、その当時のIWM得点は下降しており、結婚する時期は一般的な対人的枠組みの安定度が減じる場合があることが示された。

表1 肯定化／否定化／変化なしの分類の例

（Ⅰ→Ⅱ（短大→就職2年目）の例）

・肯定化 「中・高に比べるととけ込んでなく、学校の活動にも参加しなかった」
→「いきたいところに就職し、いい友達に恵まれた。いろいろ経験できた」

・否定化 「やりたいことに一歩進んで嬉しかったし、色々な人と知り合えて楽しかった。実習は大変だったけれど」
→「先輩がこわくて大変だった。夜中によびだされたりした」

・変化なし「勉強・実習が大変だったが友達ができたし、好きなことをやっていたから楽しかった」
→「仕事は大変だったがいい同僚に恵まれ楽しかった。寮は寂しくて実家に帰ったりもしていた」

（Ⅱ→Ⅲ（就職2年目→20代後半）の例）

・肯定化 「就職して、職場でただされて几帳面・神経質になった。厳しい環境に置かれて、他人に対して厳しくなった」
→「結婚した頃　必要とされていると思った」

・否定化 「責任の重い仕事だったが、責任感をもって仕事をしていた」
→「仕事を変わったが、思っていた仕事と違ってストレスが多かった。結婚し妊娠して、病院といざこざがありやめた」

・変化なし「専攻科の時、彼氏とのことで勉強をさぼることが多くなり、つきあいを続けるか悩んでいた」
→「悩みつつも付き合い続けていた。別れる決心がつかなかった。仕事はやりがいがあってよかったが、プライベートの方で精神的にもやもやしていた」

（Ⅲ→Ⅳ（20代後半→現在）の例）

・肯定化 「（看護師うまくいかず）色々考えて、そういえば養護教諭になりたかったことを思い出して、なろうと思って勉強をしていた」
→「養護教諭の仕事が楽しい。自分が楽しめる仕事ができてすごいと思う。妊娠も楽しみだけど、基本的に仕事の方が楽しい」

・否定化 「仕事を変わったが、思っていた仕事と違ってストレスが多かった。結婚し妊娠して、病院といざこざがありやめた」
→「育てにくい長男で子育てが大変。開業医で働くが、いざこざがありやめた。」（大変さ・理不尽さが強く語られる）

・変化なし「仕事は楽しく充実していた。精神的に大人になり色々見えてきた。3月に結婚した」
→「子育てが楽しい。でも友達が頑張っていると仕事したくもなる。資格をとる勉強も始めている」

42　Ⅱ部　回想（語り）についての分析

表2　回想の変化3群別のIWMの変化得点

	N	IWMの変化得点
肯定化	18	2.83（10.68）
否定化	13	−7.54（ 8.79）
変化なし	17	−0.18（ 5.83）
計	48	−1.04（ 9.50）

表3　IWMの変化得点と回想の変化のクロス表

	上昇	下降	変化小	計
肯定化	8	5	5	18
否定化	1	8	4	13
変化なし	1	1	15	17
計	10	14	24	48

　全体的に、後からの回想と当時の対人的枠組みのあり方との関連が見られ、対人的枠組みの得点が上昇し肯定的になっている時期は後の回想でも内容が肯定化し、得点が下がり否定化している時は回想内容も否定化する傾向があり、また変化が少ない時は回想でも肯定度の変化は少ない傾向があること、但し結婚した時期は語りは肯定的である一方、その当時のIWM得点は下降している場合があることが示された。

3．各時期の変化の自覚と後の回想の肯定度の変化との関連

　各時期に前回と比べて自分は変わったと思うか回答してもらった変化（「肯定的変化／否定的変化／両方・中立／変化なし」）と、面接時に語ってもらった4時期の回想の肯定度がどう変化しているか（「肯定化／否定化／無変化」）との関連を表4に示した。前者は各時期の変化の自覚を prospective に聞いていったもの、後者は面接時に過去を retrospective に語ってもらって研究者が肯定度の変化を評定したものである。肯定的に変化したと当時自覚していた者は必ずしも後の回想において回想内容が肯定化していると

4章　自分の変化の自覚と後の回想との関連（研究2）　43

表4　変化の自覚と各時期の回想内容の変化との対応

	肯定化	否定化	無変化	計
肯定化	10	7	14	31
両方・中立	1	3	4	8
否定化	6	1	0	7
変化なし	0	2	0	2
計	17	13	18	48

は限らず（31名中10名）、否定化 7 名、無変化14名である（それぞれ58.8％、53.8％、77.8％）。後の回想で肯定化している者17名中、当時肯定化したと思っていた者は10名で、 6 名は当時はむしろ否定的に変化したと感じていた。当時「変化なし」と記述していた 2 名は、面接時の回想内容では否定化している者であった。当時の自分の変化の自覚（肯定化／否定化）と後の回想でのその時期の語りのあり方との一致度は高くなく、当時は肯定化したととらえる者が全体的に多いが、否定化したととらえていた者がむしろ後になるとその時期を肯定的にとらえていたり、変化なしと自覚していた者が後になるとその時期を否定的にとらえている傾向が示された。

4．複数回の語りの特徴

　表 5 は、面接での語りも含めて、複数回の語りの特徴を内容の類似性の観点から分類したものである。Aは自由記述での複数回の記述と面接での語りがどれも似ている者（例えば「自主性が増した」「色々考えられるようになった」「視野が広がった」等が、複数の時期で繰り返される）、Bも同様に語りが類似しているが、以前は言ってなかった他の時期でも同様なことを語るようになっている者である（例えば社会人なって「自分の考えや意見を以前よりも言うようになった」ということがくりかえし語られるが、そのことが高校時代の変化にも広がる。あるいは「仕事を始めると仕事は生きがいでは

表5　複数回の語りの特徴

	該当者数	該当者の結婚等に関する特性
A　一貫した語り	5	◎ □ □ □ □
B　一貫性の波及	3	◎ ◎ □
AC　AとCの中間	4	◎ ○ □ □
C　異質な語り	6	◎ ◎ ◎ ◎- ○- □

〈注〉　3時点以上の参加者18名
　　　◎子あり　◎-妊娠中　○既婚　□独身

なく生活の手段になった」と語られていたが、「子どもが生まれると仕事は生きがいではなく生活の手段になった」というように、時期や状況を超えて同じことが語られている)。ACは細かい内容は異なっていても人間関係に関する変化であるというように弱い一貫性がある場合、Cは各時期で異なったことを語る場合である。

　様々な経験の中で人は様々に変化すると思われるが、どの時期もほぼ同じようなことを語る者が18名中8名と半数近く見られ、その内3名は自分のもつテーマが後に別のところにまで広がっている。一方各時期で異なったことを語るCも6名見られた。なおそのような語りの類似性は子どもあり群／結婚群／独身群で異なる傾向が見られ（表5の右欄に該当者が子有り、妊娠中、結婚しているが子なし、独身なのかを記した)、一貫した語りは独身群に多く、異質な語りは子あり群に多い傾向が見られた。独身群は変化の内容が同一であったり似ているのに対し、子あり群は子育てをする中で様々な経験をしているため、変化の種類も多様なことが示された。

Ⅳ．討論

　「自分は変わったか、どう変わったのか」の認知は、それぞれの時期に何を経験しそれが自分にどう影響したかの認知によって規定されるが、後に振り返る時に各時期の自分の経験や変化は当時と同じようにとらえられるのか、

4章　自分の変化の自覚と後の回想との関連（研究2）　　45

それともその後様々な経験をして状況や本人がもつ枠組みが変化すると、同じ時期の全体的印象が異なった形でとらえられるのかを明らかにするために、1）各時点で測定されたIWM得点の変化と、各時点の頃の回想内容の肯定度の変化との関連、2）各時点で記述された自分の変化の自覚と、時間が経ってからretrospectiveにそれらの時期を振り返って語られたものから抽出された本人の変化との関連について、縦断的データに基づいて検討を行った。

まず各時点で測定されたIWM得点の変化と回想内容の肯定度の変化との間には関連が見られ、IWM得点が上昇し肯定的になっている時期は後の回想でも内容が肯定化し、得点が下がり否定化している時は回想内容も否定化する傾向があり、また変化が少ない時は回想でも肯定度の変化は少ない傾向が見られた。Bowlbyの内的作業モデルは基本的に変わりにくいものとして考えられているが（Bowlby, 1977）、本研究では肯定的な経験をしている時にはIWM得点が高くなるという関連が見られた。但し結婚した時期は語りは肯定的になる一方、その当時のIWM得点は下降している場合があることが示された。結婚はストレス度が高い出来事であるし（Holmes, 1970）、周囲の人との新しい対人関係を築いたり、慣れない世界に入ることが対人的枠組みを不安定にすると考えられる。

各時期に記述された変化の自覚と後の回想の肯定度の変化との関連に関しては、当時記述された自分の変化の自覚（肯定化／否定化）と後の回想でのその時期の語りのあり方との一致度は高くなく、不一致な場合も多かった。当時は肯定化したととらえる者が全体的に多かった（65%）が、それらの者の後年の回想はさまざまであったし、否定化したととらえていた者がむしろ後になるとその時期を肯定的にとらえていたり、変化なしと自覚していた者が後になるとその時期を否定的にとらえていることが示された。

各時期の自分の変化の自覚は、様々な変化があってもその中で肯定的なものが語られやすく、その時期によい経験をし自分にとってよい時期だったということとは異なっているのかもしれない。否定化したととらえていた者が

後になるとその時期をむしろ肯定的にとらえるのは、当時つらかったことが後には肯定的なものになる場合があること、変化なしと自覚していた者が後になるとその時期を否定的にとらえるのは、「変化なし」と答えることの否定性を表しているように思われる。

本研究では各時期の記述及び面接での語りと複数回自分の変化について語ってもらったが、それらの複数回の語りを内容の類似性の観点から検討すると、どの時期もほぼ同じようなことを語る者と各時期で異なったことを語る者が見られ、一貫した語りは独身群に多く、異質な語りは子あり群に多い傾向が見られた。独身群は生活上の変化があってもその変化は基本的にそれまでと連続的で似ているのに対し、子あり群は生活の枠が大きく変わり様々な経験をしているため、変化の種類も多様なのだと考えられる。

本研究では、複数の時点でそれ以前と比べて「自分が変わったか」に関して prospective にデータを収集していき、時間が経ってから retrospective にそれらの時期を振り返って語られたものとを比較するという、今までなされてきた研究とは異なった観点から、過去の語りとは何かの問題を検討した。その結果、後に振り返る時の回想は必ずしも当時のとらえ方と同じではないことが示され、「過去の語りとは過去に実際にあった経験がそのまま語られたものではなく、語りの時点で語り手が意味づけ再構成化されたものである」とする見解を新たな視点から示したという意義があると考える。

なお Henry 他（1994）の幼少期から青年期に関する縦断的研究では、回想と実際の状況とはかなり異なっていることが示されていたが、青年後期から成人期初期に関して行った本研究では、それと比べると回想と実際の状況とは一致する場合も多いことが示された。この時期は幼少期に比べて記憶が確かであり、自己も確かなものになっているためと考えられる。但し本研究の被調査者は何度も調査に応じていることや、時間をかけて面接調査にまで来てくれた者であり、調査に対して熱心な者が多いことが関与している可能性もある。

本研究では、各調査時点で変化の自覚として述べられている時期と、後の回想時に語られている時期の対応がおおよそのものであるという限界がある。どちらもその時点で一番印象的だったことが語られているという意味での対応はあるが、かつての変化の自覚そのものを後の回想時にどうとらえるかという形でより厳密に検討していくことが必要であろう。また「自分がどう変化したか」の自覚と、各時期の印象についての語りから研究者が抽出した変化を比較するという手法をとったが、できるだけ同質のデータを取る研究デザインで更に詳しく検討していくことが必要と思われる。

Ⅲ部　青年期から成人期の対人的枠組みと
対人的認知の縦断的変化

5 章

The stability and changeability of internal working models and interpersonal cognition from late adolescence to early adulthood: An 11-year longitudinal study of nursing students

青年後期から成人期初期の内的作業モデルと対人的認知の安定性と変動性
—看護学生を対象とした11年間の縦断的研究—

（研究 3 ）

INTRODUCTION

Bowlby（1969）considered attachment to be an issue not only in infancy but also throughout life. Infants direct attachment behavior toward their caregivers, for example, by maintaining proximity, seeking touch, crying or smiling. Ainsworth et al.（1978）developed the Strange Situation Procedure to measure the quality of attachment in infants. Research has shown that attachment patterns greatly influence adaptation and interpersonal experiences, and that the attachment patterns of children are related to caregivers' sensitivity and responsibility.

Bowlby（1973）conceptualized the "Internal Working Models"（IWM）, which is a mental representation of attachment that operates as a framework for interpersonal experience. Based upon repeated experiences with their caregivers, infants construct IWM representations of others and the self in relation to others. The IWM can explain adult attachment and the stability of attachment over the lifespan. The IWM is based on at least two judgments; a) whether or not the attachment figure is assumed to be a person who in general will respond to requests for support and protection, and b) whether or not the child judges himself as a person whom anyone,

52　Ⅲ部　青年期から成人期の対人的枠組みと対人的認知の縦断的変化

particularly the attachment figure, is likely to respond in a supportive way. People use their IWM as a framework for processing interpersonal information, and as a template for planning interpersonal behavior. There are four possible IWM types (Secure/Autonomous, Preoccupied, Dismissing, or unresolved) which correspond to the four possible attachment types (Secure, Ambivalent, Avoidant, or Disorganized).

According to Bowlby (1973), the most sensitive time for IWM formation is "from about six months to about five years, and persists during the decade after five, albeit in steadily diminishing degree." However, there is little research which examines empirically the formation over time of the IWM. What are the critical times for its formation, how much does it change with experience, and what experiences change it?

Longitudinal research is necessary to clarify the developmental processes and experiential influences on the IWM. Longitudinal studies began with an analysis of attachment behavior in infancy and the representation of the IWM in childhood. Methodologies for the measurement of adult attachment have been developed, such as the interview method of Main et al. (1985), the Adult Attachment Interview, and the questionnaire method of Hazan & Shaver (1987) etc., longitudinal studies have spread to adolescence (Hamilton, 2000, Lewis, et al., 2000, Waters, et al, 2000, Weinfield, et al., 2000). Klohnen & Bera (1997) investigated adult females longitudinally from age 21 to 52 years old, although the questionnaire about the IWM was administered only to the 52-year-olds.

Our study investigates the stability and changeability of the IWM of nurses from late adolescence to early adulthood. Contrary to Bowlby's view, we think there is a possibility that IWM may change in this period. The IWM is supposed to be stable because the environment which is the source of the IWM does not readily change, and people process interpersonal information based on their IWM which tends to further promote the perceived stability of the social environment. But after adolescence, people can choose their interpersonal environment to some extent, and may have different types of interpersonal relations than they had before. For example, if one chooses a partner with a different type of IWM, then continuously and frequently getting different feedback may result in a change in the person's own IWM. This situation is not uncommon. For example, Van IJzendoorn & Bakermans-Kranenburg (1996) reported that the rate that an "avoidant" and an "ambivalent" IWM type of women have a "secure" IWM type of man as the marital partner is 33% and 43% each.

In young adulthood, the individual's position in social relation shifts from receiving care to giving care (Okamoto, 1999). This shift starts rapidly in women as a result of pregnancy and child-rearing, although caregiving is a developmental task of adulthood in Erikson's theory. Experiences of employment and marriage during young adulthood also lead to large changes in the interpersonal environment. Whether individuals are well adapted for those changes and their new roles as an adult is related to their IWM. For example, a mother's IMM is related to her style of caregiving (George & Solomon, 1999). There is a relationship between IWM and adaptation in work (Hazan & Shaver, 1990) or adaptation in marriage (Kobak & Hazan, 1991).

Different interpersonal relations may change a person's IWM, for example involvement in a supportive and warm relationship or strong emotional experiences (Main, et al., 1985, Ricks, 1985). Marriage and child-rearing may lead to new realizations of one's indispensable existence for others, and new recognition of the validity of the self and others which was not experienced until then. Moreover, employment in the nursing profession, where practitioners have concerns about their clients at a deep level and bear important responsibility may provide experiences which let them recognize their own validity more strongly, and that may change their IWM.

PURPOSE

The purpose of this study was to investigate the stability and changeability of the interpersonal framework or interpersonal cognitions related to the IWM, using longitudinal data obtained from late adolescence to early adulthood, at a period of time when the participants'interpersonal environments changed greatly. There are two conflicting hypotheses about stability and changeability of IWM, as follows.

1) Although the interpersonal environment changes objectively, subjective experience is unchangeable because it is prescribed by the IWM. So the type of interpersonal experience is fundamentally stable, and the IWM does not change easily.

2) There are people who have a new experience of having deep concern for others, such as having a different type of intense interpersonal relationship. In this case, their IWM can change.

We previously investigated longitudinal changes in the framework or cognition of interpersonal experience, which we measured using an IWM scale based on Hazan & Shaver (1987) and other scales expected to be related to IWM scores (Yamagishi, 2006). We first studied a group of nursing students in 1994, and continued to study them in their post-graduation, two years after (1996) and seven years after (2001). In present study, we have extended this research to study these graduates now in their 30's, 11 years after we first studied them as nursing students. In our investigation, we use IWM in the narrow meaning, as the representation about the framework of the interpersonal relations which an individual has, and the state of self or the others. We used the cognition of interpersonal experiences, such as feelings of adaptation, and attitudes of their parents in their childhood etc., as variables different from the IWM. We analyzed data from the four time periods (1994, 1996, 2001, and 2005) to examine whether they changed from the various experiences over 11 years.

METHOD

Participant

In 1994, we obtained data from 94 female students who were then in their third year of nursing college. In 2001, we obtained permission of publication and research hereafter from 66 of those persons. In 2005, out of those 66 Persons, 51 persons replied by mail, which was 77.3% rate of collection. Their ages were 31 and 32. After graduation, most had gained employment within the nursing profession and some had already resigned. Their present occupation was as follows; hospital nurses (28); public health nurses (4); midwives (2); a school nurse (1); full time housewives (12); and others (4). Twenty nine persons got married; 23 had children; and two were currently pregnant. In these longitudinal investigations conducted in 1994, 1996, 2001, and 2005, the numbers of participants were, respectively, 94, 69, 35, and 51. (Participants from whom we were able to obtain data all four times were 14.)

Procedure

We used questionnaire method in college class (1994) and by mail (1996, 2001, 2005). We described that we would keep the secret about personal data but that we might publish the statistic data to the journal, and we asked to answer questionnaire those who consented the description.

The questionnaire was consisted of the following sections :

(1) Internal Working Models

It consisted of 18 items, 6 items per three attachment styles; secure (Se), ambivalent (Am), and avoidant (Av). That scale was constructed in Japan, by Toda (1990), based on Hazan & Shaver (1987). Participants were asked to rate on a 5-point scale, ranging "not at all" (1) to "very much" (5), the extent to which each statement applied to them. Examples of each item were as follows; It is relatively easy for me to become emotionally close to others, or I think most persons like me (Se).; I sometimes worry that others don't value me as much as 1 value them, or 1 have no self-confidence (Am).; I am comfortable without close emotional relationships, or I don't like to rely on others. (Av).

(2) Egogram

We picked up 30 items from Sugita (1983), 6 items per 5 scales; critical parent (CP), nurturing parent (NP), adult (A), free child (FC) and adapted child (AC). Participants were asked to rate on a 3-point scale, no (1), neither (2), yes (3). In 1994, it consisted of only NP and A. Examples of items of NP and A were as follows; I listen to other's talk empathetically, or I like to take care of others (NP), 1 try to talk coolly when my idea differs to others, or 1 can cope without being upset, even matters go wrong (A).

(3) Cognition of Parent's Attitude

It consisted of 14 items which were referred to Kojima (1970), based on Scheafer's Child's Report of Parental Behavior Inventory (PBI); mother's warmth (MW), mother's control (MC), father's warmth (FW), and father's control (FC) on a 5-point scale. Examples of each item were as follows; My mother understood my feeling well, or My mother was a good mother for me (MW), My mother interfered and controlled me as she liked (MC).

(4) Sense of Adaptation from Past to Present

Participants were asked to rate sense of adaptation in general in every 8 periods (1. babyhood and early childhood, 2. elementary school, 3. junior high school, 4. senior high school, 5. nursing college, 6. period seeking employment, 7. the end of one's twenties, and 8. the present). These numbers differed by investigation periods, for example, 5 periods in 1994, 8 periods in 2005. Ratings were on a 4-point scale; "very happy" (4), "happy despite negative experience" (3), "neutral" (2), "overall negative experience" (1).

Table 1 presents the design of the longitudinal study.

Statistical analyses

We analyzed data by calculating correlations between the scores and t-test or Mann-Whiteney's U-test using SPSS ver.16.

Ethical consideration

We obtained the permission of the ethical committee of Faculty of Health Care and Nursing in Juntendo University.

Table 1   Design of Longitudinal Study

Year	1994	1996	2001	2005
Age	20–22	22–24	27–29	31–33
Number	94	69	35	51
IWM	○	○	○	○
Egogram	△(NP,A)	○	○	○
Parent's Attitude	○	○	○	○
Adaptation	5 periods	6 periods	7 periods	8 periods

RESULTS

In previous studies (Yamagishi, 2006) we conducted a factor analysis for items (1) Internal Working Models, (2) Egogram, and (3) cognition of parent's attitude, and the factor loadings of each item were approximately according to assumptions. We aggregated each item of the sub-scale in the 2005 data. Cronback's coefficients of 9 scales were respectively, .772 (Se), .808 (Am), .691 (Av), .667 (NP), .595 (A), .788 (MW), .772 (MC), 905 (FW), .697 (FC). Although some of the coefficients were not high enough, we aggregated each sub-scale for each of the four time periods.

Table 2 shows the means and *SDs* of each score for each of the four time periods. The number of subjects differed for each time period. Table 3 shows the means and *SDs* of each score for the participants who replied both in 1994 and 2005, and the results of *t'test* or Mann-Whitney's U test. Significant differences were found for Am and A scores ($p < .001$), and Se scores ($p < .05$); Am and Se scores in 2005 were found to be significantly

Table 2 Means and *SDs* of each score at each of four testing times

	1994	1996	2001	2005	Range
Secure	3.21(0.56)	3.23(0.65)	3.22(0.61)	3.10(0.61)	
Ambivalent	3.03(0.74)	2.77(0.70)	2.60(0.74)	2.68(0.70)	1 ~ 5
Avoidant	2.44(0.55)	2.54(0.57)	2.49(0.66)	2.52(0.58)	
Nurturance	2.55(0.32)	2.50(0.41)	2.61(0.31)	2.67(0.35)	1 ~ 3
Adult	1.98(0.38)	2.09(0.44)	2.61(0.33)	2.29(0.41)	
mother's warmth	4.04(0.71)	4.28(0.58)	4.41(0.63)	4.07(0.73)	
mother's control	2.71(0.99)	2.45(0.94)	2.47(1.10)	2.59(1.14)	1 ~ 5
father's warmth	4.18(0.67)	4.28(0.66)	4.19(0.89)	4.07(0.87)	
father's control	2.07(0.79)	1.90(0.81)	1.76(0.68)	1.91(0.88)	
N	94	69	35	51	

Each score is aggregation/number of items.

Table 3 Means and *SDs* of each score in 1994 and 2005
and theresult of *t*-tests or Mann-Whiteney's *U*-test

	1994	2005	*t* value	*z* value
Secure	3.29(0.56)	3.09(0.61)	2.56*	
Ambivalent	3.00(0.72)	2.64(0.69)	4.02***	
Avoidant	2.50(0.67)	2.51(0.65)	0.19	
Nurturance	2.58(0.33)	2.56(0.35)		1.607
Adult	1.93(0.60)	2.27(0.61)		−3.315***
mother's warmth	4.05(0.72)	4.06(0.72)		−.762
mother's control	2.69(0.95)	2.52(1.14)		−.633
father's warmth	4.17(0.73)	4.05(0.88)		−1.171
father's control	2.02(0.75)	1.93(0.89)		−.102

*$p < .05$, ***$p < .001$

lower than they were in 1994, and A scores in 2005 were higher than they were in 1994. Am scores had fallen from 1994 to 1996, and in 2005 they had dropped further.

We compared the score changes for each scale from 1994 to 2005 between the married-group with the single-group and between the having-children-group with the not-having-children-group. There were no significant differences on the 9 scales.

Correlations between the scores at each of the four testing times were statistically analyzed (see Table 4). These results show fairly high correlations for successive times, although the correlation coefficients were smaller for greater intervals of time. The Se and Am correlation coefficients were over .5, even when 11 years had elapsed. However, examining these changes for individuals showed that there were some participants whose scores had changed considerably. The numbers of whose mean scores of change were over 1 point were as follows; 1 in Se, 9 in Am, 5 in Av, 5 in MW, 2 in FW.

60　Ⅲ部　青年期から成人期の対人的枠組みと対人的認知の縦断的変化

Table 4 Correlations between scores at each of four testing times

	I & Ⅳ	I & Ⅱ	Ⅱ & Ⅲ	I & Ⅲ	Ⅱ & Ⅳ
Secure	.562***	.687***	.594***	.574***	.594***
Ambivalent	.567***	.624***	.626***	.582***	.551***
Avoidant	.360*	.483***	.485*	.411*	.642***
Nurturance	.560***	.733***	.638***	.629***	.531***
Adult	.454***	.488***	.472*	.405*	.426***
mother's warmth	.506***	.698***	.726***	.548***	.641***
mother's control	.674***	.591***	.654***	.711***	.692***
father's warmth	.709***	.821***	.867***	.824***	.728***
father's control	.677***	.599***	.686***	.638***	.799***
N	51	69	29	35	39
interval	11 years	2 years	5 years	7 years	9 years

Ⅲ & Ⅳ (interval is 4 years) was skipped because $N = 11$.
$^*p < .05.$　$^{***}p < .001$

Table 5 Correlations (Spearman) between scores of adaptation at each of four testing times

	I & Ⅳ	I & Ⅱ	Ⅱ & Ⅲ	I & Ⅲ	Ⅱ & Ⅳ
infancy	.354*	.514***	.366*	.504*	.581***
elementary school	.415***	.530***	.678***	.644***	.531***
junior high school	.591***	.559***	.580***	.658***	.601***
senior high school	.449***	.561***	.683***	.633***	.360*
junior college	.081	.367***	.565***	.154	.171
present time			.480**		.575***
N	51	69	29	35	39
interval	11 years	2 years	5 years	7 years	9 years

Ⅲ & Ⅳ (interval is 4 years) was skipped because $N = 11$.
$^*p < .05.$　$^{**}p < .01.$　$^{***}p < .001$

Table 5 shows the Spearman correlation coefficients between corresponding scores of adaptation at each of the four rating periods. Except for during the junior college period, the correlation coefficients are comparatively high, but some correlation coefficients between 1994 and 2005 decreased slightly, compared with those over smaller intervals. Table 6 illustrates the distribution of discrepancies of the corresponding ratings on the four-point scale where participants assessed their feelings of adaptation in 1994 and 2005. Three-fifths of the participants assessed themselves at the same point on the scale for both times, and discrepancies were few; almost all were only one point different, except with reference to the infancy period. Regarding their sense of adaptation in infancy, more participants changed their assessment a lot compared with other time periods. The discrepancies noted at the junior college age were not large, but correlations were not found.

DISCUSSION

We studied a group of nursing students in 1994, and continued to study them longitudinally in 1996, 2001, and in 2005 when they were in their 30's. We examined the stability and changeability of their cognitions and their framework of interpersonal experiences.

Table 6 Discrepancies between scores of adaptation at 1994 and 2005

	0	1	2	3	correlations
infancy	31	11	9	0	$.354^{**}$
elemental school	31	18	2	0	$.415^{***}$
junior high school	30	20	1	0	$.591^{***}$
senior high school	30	20	1	0	$.449^{***}$
junior college	30	18	2	1	$.081$

$^{**}p<.01, \ ^{***}p<.001$

Comparison of the means of scores in 1994 and 2005 showed that (1) Am and Se scores in 2005 were significantly lower than they were in 1994. Am scores fell from 1994 to 1996, and in 2005 had dropped further. This showed that in adulthood anxieties about the relation of oneself to others decreased.

This result is consistent with longitudinal studies about personality development, which showed a decrease of negative emotionality from age 20 to 30 years old (McGue et al., 1993), and is consistent with cross-sectional studies which showed a decrease in neuroticism from adolescence to early adulthood (McCrae et al., 2000). In the transition from late adolescence to early adulthood, they became to find their position in society and relations to others. We believe this helped them slip out of the insecurity of adolescence, and decreased their anxiety.

Se scores also decreased in 2005. This was inconsistent with the hypotheses that having an experience of deep concern for others in a new interpersonal relationship in adulthood like as having children or caring patients would positively change the IWM.

The upward tendency of A scores in the Egogram showed that the nurses developed coping skills in a more realistic and objective way. They acquired this ability through stressful experiences, such as continuing in their profession and being mothers. This result is in accordance with the cross-sectional study that parenthood brings flexibility, self-control, and ego-strength (Kashiwagi & Wakamatsu, 1994). While it showed that there were no significant difference in change of each score from 1994 to 2005 among single-group, married-group, and having children-group, they got such ability through hard experiences with responsibility such as continuing their nursing profession as well as becoming and being a mother.

Correlations between the scores at each of the four testing times were fairly high, although the correlation coefficients were smaller for longer intervals between assessments. The Se and Am correlation coefficients were over .5, even when 11 years had elapsed. The framework or cognition for interpersonal experiences was shown to be relatively stable. However, there were some individuals whose scores changed considerably from 1994 to 2005, for example, 10 points (Se), where the score range was 6–30.

Regarding the scores of adaptation at successive times, the correlation coefficients were moderate, except for during the junior college period. The correlations were slightly lower for the longest interval between 1994 and 2005, compared with the shorter intervals of time. For the ratings on the four-point scale where participants assessed their feelings of adaptation in 1994 and 2005, three-fifths of the participants assessed themselves at the same point at both times, and discrepancies were in most cases within one point on the scale, except with reference to the infancy period. For the infancy period, there were more participants whose assessment changed a lot when compared with the other time periods. This can be explained by the fact that infants do not have good autobiographical memory until three years of age, so retrospective ratings have fewer anchors for consistent assessment. The discrepancies noted at the junior college age were not large, but correlations were not found. One explanation of this finding may be that in 1994 they were only halfway through their nursing studies, while in 2005 they rated their whole course of college. Another reason may be that the impressions of adaptation differ considerably according to whether they are viewed in a present context or 11 years later.

A longitudinal study of recollection from childhood to adolescence (Henry, et al., 1994) showed that the validity of the retrospective method was not high. The correlations were significant but the rate of agreement was low. The study found that there were considerable discrepancies between recollection and actuality, especially for psychosocial variables like subjective psychological states and family processes. Although our participants were asked a simple question of how they felt in each period, generally the two corresponding scores were fairly consistent. Their general impression of the past did not differ much according to the time of recollection. However, our participants might be not typical, but instead motivated individuals who participated in our several investigations voluntarily, and who often had the opportunity to look back at their past as a result of our investigations. So their recollection may be more accurate or consistent than usual.

We analyzed longitudinal data through comparison of the average values and correlations of different time periods. Our results show that even after 11 years, the scores of IWM and other scales did not change very much, although it was a period when interpersonal environments changed greatly, and their position shifted to giving care as nursing profession or as family member. Whereas there were some persons who changed noticeably. It is necessary to examine further what kinds of situations change persons, how they change, and what kind of personality factors are related to changeability and stability.

6章　青年期から成人期の対人的枠組みと対人的認知
－19年後の縦断的変化－
（研究4）

Ⅰ. 問題と目的

　2章でも述べた様に、生涯発達心理学が提唱されるようになるにつれて、成人期や老年期も発達心理学の研究対象になり、その発達課題や発達的変化についての研究が盛んになされるようになっている。しかしそれらの研究のほとんどは横断的研究や回顧的研究であり、異なった年代の被調査者と比較したり、あるいは年少の年代については後の時期に回顧的に得られたものをデータとして発達的変化を導くという方法がとられている。

　山岸は看護専門学校卒業生を対象に卒後4年時に縦断的調査を行い（山岸, 1997, 2006a)、また看護短大卒業生にも対人的経験をめぐる要因について主として質問紙法による縦断的研究を行ってきた（山岸, 2006a)。それらの研究で取り上げた指標は、自他の認知や対人的経験に関する枠組み（IWM)、現在及び過去の各時期の適応感に関するものであり、それらが青年期から初期成人期にかけてどのように変化するのか（山岸, 2006a)、またそこにかかわる要因は何か（山岸, 1997, 2009（9章))の観点から検討を行ってきた。

　Bowlby は内的作業モデル－自他の有効性に関する対人的な枠組み－に関する理論を提唱した。そして IWM 形成の最も敏感な時期は6ヶ月から5才前後で、その後敏感性を次第に減少させていき、加齢と共に構造的安定性を増していくとした（Bowlby, 1973/1977)。IWM の連続性については、多くの縦断的研究がなされ、近年は幼少期から青年期にまで至る長期の研究もなされるようになっている（Zimmerman 他, 1995、Waters 他, 2000、Hamilton 他, 2000、Lewis 他, 2000、Weinfield, 2000。Grossmann 他（2005）は長期にわたる縦断研究を編集している。日本では遠藤（2007）によるレヴューがある）。それらの研究は必ずしも一致した結果ではなく、早期の愛着の質とその後の IWM との連続性を報告するもの（例えば Waters 他（2000）、Hamilton 他（2000）では、安定／不安定の 2 分類で、72%、77%が一致していた）と有意な連続性が見られない研究が混在している。なお成人期に至る研究はまだほとんど行われていない。Klohnen & Bera（1998）の研究は質問紙法であり上記の研究とは測定法が異なっているが、31年間にわたって検討をし、52歳時に安定型、回避型の者は以前の時期においても他者との関係における暖かさや他者への不信、情緒的距離等の得点傾向は変わっておらず、安定型、回避型の差が長期にわたって見られることが示されている。

　山岸の青年期から初期成人期に関する一連の研究も質問紙法によるものだが、時期が異なっても IWM に関する得点の相関はかなり高いこと、しかし変化する者もあること（山岸, 1997, 2006）、生育の過程のとらえ方（過去の経験の認知）もとらえる時期が異なっても大きくは異ならないが、肯定的になったり否定的になったり様々に変化する者もあること（山岸, 2005）、母親のとらえ方は発達と共に肯定化したり多面的にとらえるようになる場合が多いこと（cf. 7 章）等の結果が示されてきた。

　本研究では更に年齢が進み、成人期の中盤にさしかかっている女性を対象に縦断的な手法で検討する。青年期から初期成人期にかけては、就職して社会人になるという経験や結婚・出産という大きな環境の変化があったが、就職して20年近くなった時期の女性—社会人・職業人としての経験を積み、継続している者は中堅になり責任も重くなってきていたり、子どももいくらか成長し育児の真最中の者が多いと思われる時期の者を対象に、そのような成人期の経験によって対人的枠組み（IWM）やそれと関連する対人的認知（エゴグラムや両親の養育態度の認知、重要な人）がどのように変化し、それらがどう関連しているのか、何が変化に関与しているのかについて、縦断

的な手法を使って検討する。

II．方法

1．被調査者

1990年看護専門学校3年時に生育史を書いた50名（内41名が1991年の質問紙調査に回答―その結果については山岸（1994）参照）の内連絡がとれた者に調査依頼を行った。それに回答した19名（回答率61.3％）の内、1991年の調査に回答していた15名が本研究の被調査者である（なおその内の9名、計11名には面接調査も実施している）。年齢は40〜42才。看護師9名（内8名はパート職）、保健師1名、看護教員1名、会社員1名、専業主婦3名。15名中13名が既婚。既婚者は全員子どもがいる。

2．調査時期

質問紙調査―1回目　1991年7月　今回―2010年7月から8月。

面接調査―2010年8月から9月。

3．手続き

同窓会名簿に現住所を開示している者に調査の依頼をし、同意した者に質問紙を郵送して郵送法で回収した。質問紙の最後に面接の依頼をし、協力の意思を示した者と連絡をとり、日程の調整をして母校の一室（2名は本人の自宅近くのコーヒーショップ）で面接を行った。

4．質問項目

1991年の調査項目に準じた項目1）から4）と、1995年からつけ加えた5）8）、今回新たにつけ加えた6）7）から成る質問紙調査を行った。

1）現在の対人的枠組み（IWM）　詫摩・戸田（1998）が Hazan & Shaver（1987）を参考に作成した IWM 尺度18項目（Secure、Ambivalent、Avoidant に該当する項目6ずつ）について5件法（とてもあてはまる5〜全くあてはまらない1）で尋ねる。

2）エゴグラム　対人的態度を見るものとして5尺度30項目（批判的親 CP、

養育的親 NP、大人 A、自由な子供 FC、適応的子供 AC 各 6 項目ずつ（杉田（1983）を一部改変したもの）。1991年は CP、NP、A のみ）について 3 件法（あてはまる 3 〜あてはまらない 1 ）で尋ねる。

3 ）両親の養育態度　戸田（1991）の質問項目を参考にした14項目（母親、父親それぞれの暖かさと統制、全体的印象）について、「子どもの頃のお母さんとお父さんに関して次のことはどの位あてはまりますか」として 5 件法で答えてもらう。

4 ）過去から現在の各時期の全体的適応感　1991年は①幼少期　②小学生時代　③中学時代　④高校時代　⑤専門学校時代　⑥現在の 6 時期、2010年は1991年の①から⑤と、⑥就職した頃　⑦20代後半　⑧30代前半　⑨30代後半　⑩現在の計10時期について、「どの時期にも楽しいこととつらいことの両方があったと思いますが、次の時期は全体としてどちらの思いの方が強いですか」として「とても楽しかった」「つらいこともあったが楽しかった」「どちらともいえない」「つらかった」の 4 つから選ばせる。

5 ）時間的展望尺度　現在の適応状態をより詳しく見るために白井（1997）の時間的展望体験尺度の中の「現在の充実感」「過去の受容」「未来への希望」各 5 、 4 、 4 項目を用い、 5 件法で答えてもらう。

6 ）レジリエンス尺度　小塩他（2002）等を参考に作成された山岸他（2010）の項目に Antonovsky（1987/2001）の首尾一貫項目の一部をつけ加えた29項目（新奇性追求・感情の統制・メタ認知・肯定的未来志向・楽観主義・関係性・首尾一貫感覚の 7 尺度から構成）に対して 5 件法で回答する。

　表 1 に 1 ） 2 ） 3 ） 5 ） 6 ）の質問項目の例をあげた。

7 ）現在の満足度　40才頃の女性にとって重要と考えられる領域として伊藤他（2003）の主観的幸福感等を参考に以下の 9 項目を設定し、満足度を 5 件法で答えてもらう。①生活全般　②仕事の内容　③仕事上の人間関

表1 質問項目の例

IWM	
Secure	私は人に好かれやすい性質だと思う
Ambivalent	人は本当はいやいやながら私と親しくしてくれているのではないかと思うことがある。
Avoidant	どんなに困った時でも人には頼らない方だ。
エゴグラム	
批判性	良い、悪いをはっきりさせないと気がすまない方だ。
養護性	がっかりしている人がいたら、慰めたり元気づけてあげる。
現実性	何かする場合、他人の意見をきいたりよく調べてからする。
養育態度	
暖かさ	母親（父親）にやさしくしてもらった思い出があまり浮かばない。（逆転）
統制	母親（父親）は子どもに干渉して思うままにさせようとした。
時間的展望	
現在の充実感	毎日の生活が充実している。
過去の受容	過去のことはあまり思い出したくない。（逆転）
未来への希望	自分の将来は自分で切り開く自信がある。
レジリエンス	
新奇性	色々なことにチャレンジするのが好きだ。
感情統制	動揺しても自分を落ち着かせることができる。
肯定的志向性	何事もよい方に考える。
関係性	つらい時や悩んでいる時は、自分の気持ちを人に話したいと思う。
首尾一貫感覚	うまくいかないことも、その経験が後で役にたつと思う。

係　④配偶者との関係　⑤子どもとの関係　⑥家族との関係　⑦経済的問題　⑧自分の人間としての成長　⑨その他で重要なこと（該当することがない場合はとばす様指示）

8）自分にとって重要だったことに関する自由記述　「今まで生きてきた過程を振り返って、現在のあなたに影響を与えていると思う重要なこと」「ここ数年の間にあったことで重要だったこと」「現在重要な人・その意味」について自由に記述してもらう。

70　Ⅲ部　青年期から成人期の対人的枠組みと対人的認知の縦断的変化

5. 面接

　卒業後どのように過ごしてきたか、つらかったこと・大変だったこと、自分にとって重要だったこと、子育て・仕事の意味／生育の過程について、特に印象的だったこと、重要だった人／自分は変わったか、親に対する気持ちは変わったか／今気にかかっていること、充実感を感じていること等について、半構造化面接を行った。所要時間は計40分～１時間程度。ICレコーダーに録音し、書き起こした（なお本稿では子育て・仕事の意味についてのみ取り上げる）。

6. 倫理的配慮

　1991年－プライバシーにかかわることなので、"誰々が－だった"という形では口外しないこと、書きたくないことは書かなくてよいことを伝えた。

　2010年－プライバシーにかかわる調査への複数回の協力、遠方からの参加への謝辞を述べてから，言いたくないことは言わなくてよいこと、研究以外で口外することはないが、研究誌に匿名で公表する可能性があることを伝え、同意書を提出してもらった。面接中にネガティブ度が強いことが語られた場合はできるだけ共感的に話を聴き、その後雑談も含めて肯定的な話に戻るように配慮した。順天堂大学スポーツ健康科学部研究等倫理委員会の承認を得た。

Ⅲ. 結果と考察

1. 2時期の各尺度の合成得点の算出

　1）2）3）5）の各尺度については、これまでの研究で因子分析をくり返し、ほぼ仮定通りの結果が得られているため、仮定された項目ごとに合計点を算出した（1.安定得点、アンビバレント得点、回避得点、2.批判性、養護性、現実性　3.母親の暖かさ、統制、父親の暖かさ、統制、5.現在の充実感、過去の受容、未来への希望）。IWMと時間的展望に関しては、更に各尺度を合計して総点を算出した（IWM総点＝Secure－（Ambivalent＋Avoidant）／

2、時間的展望総点＝現在の充実感＋過去の受容＋未来への希望、それぞれ得点範囲は−24〜24と13〜65）。

4）7）については個別の値と共に、全体的傾向を見るために平均値も算出した。

6）については質問紙への回答者全員の19名と、縦断研究を続けている他の年度の卒業生40名（cf.10章）を合わせた59名で因子分析を行い、仮定通りにまとまらなかったメタ認知等の6項目を除いて再度因子分析を行った（共に主因子法・バリマックス回転）。肯定的未来志向と楽観主義がまとまったので「肯定的志向性」とし、2つの因子で.4以上の負荷量があった1項目を除いて、因子ごとに合計点を算出し、「新奇性追求」「感情の統制」「肯定的志向性」「関係性」「首尾一貫性感覚」の得点とし、更にそれらの合計得点を「レジリエンス総点」とした。

2．2時期の各尺度の合成得点の変化と相関

各合成得点の1991年と2010年の平均値（*SD*）と相関係数（Spearman）は表2の通り。生育過程の各時期の適応感については度数分布を表3に示した。

母親の暖かさで有意差が見られ、1991年の方が高かったが（批判性・養護性は10％水準で有意）、他では有意差は見られず、19年間での全体的な変化は少ないといえる。2時点間の相関はIWM総点、Am、エゴグラムの3尺度、母親の暖かさで有意な相関が見られ、19年経っても以前の傾向と関連していることが示された。1991年と1995年間の相関（*N*＝31、山岸, 1997）と比べると、4年後では全ての合成変量が.5から.8台で有意であったのに対し値が下がっており、関連が弱くなるものもあることが示された。但しCPは.634であり19年後の方が値が高かった。エゴグラムのような性格特性の方がIWMより変わりにくいことが示された。1991-2010では母親の統制が無相関であったが、子育てをする中で母親が子供を統制することに関する考え方や感じ方が変わったと考えられる。

72　Ⅲ部　青年期から成人期の対人的枠組みと対人的認知の縦断的変化

表2　1991年と2010年の相関と差の検定

	1991	2010	t 検定 (t 値)		相関係数	
			1991-2010	1991-1995	1991-2010	1991-1995
IWM 総点	12.33(15.02)	8.60(18.11)			.522*	
Secure	21.67(3.98)	19.93(5.34)			.374	.758***
Ambivalent	16.00(5.08)	15.93(4.43)			.526*	.758***
Avoidant	15.00(5.36)	15.53(5.80)			.478+	.729***
CP (批判性)	21.53(3.76)	22.93(4.27)	1.87+		.670**	.634***
NP (養護性)	26.60(2.53)	25.73(2.34)	1.90+	2.25*	.783***	.849***
A (現実性)	23.13(2.39)	24.07(2.55)			.566*	.737***
母親W	17.86(2.68)	16.36(3.63)	3.14**	2.66*	.653*	.731***
母親C	6.50(1.87)	6.29(2.30)			.046	.513**
父親W	22.13(3.34)	21.33(3.09)			.433	.813***
父親C	8.87(1.73)	8.73(1.58)			.478+	.730***

W：暖かさ　C：統制の弱さ　$^*p<.05$, $^{**}p<.01$, $^{***}p<.001$, $^+p<.10$

表3　生育の過程の適応感

		とても楽しかった	つらさと楽しさの両方	どちらともいえない	つらかった	平均	相関係数	計
幼少期	1991	7	3	4	1	3.07	-.059	15
	2010	10	3	1	1	3.47		15
小学生時代	1991	5	8	1	1	3.13	.544*	15
	2010	5	9	0	1	3.20		15
中学生時代	1991	5	8	0	2	3.07	.501+	15
	2010	3	9	1	2	2.80		15
高校生時代	1991	9	5	1	0	3.53	.172	15
	2010	10	4	1	0	3.60		15
専門学校時代	1991	4	8	2	1	3.00	.207	15
	2010	7	5	3	0	3.27		15
就職した頃	1991	0	11	3	1	2.67	.373	15
	2010	2	11	1	1	2.93		15

$^*p<.05$, $^+p<.10$

生育過程の各時期の適応感は「〜時代」というかなり長期間の印象を「楽しさとつらさのどちらの思いの方が強いか」として4つの選択肢から選ばせるという大まかなものであったが、分布に大きな異なりは見られなかった。2時期の評定が一致している者が61.3%で、2段階異なる者は延べ90名（15×6時期）中10名であり、その内5名は幼少期であった。幼少期以外で異なるのは75名中5名（6.7%）で、19年経っても各時期の印象に大きなズレはなく、かなりの一貫性があるといえる。

3．IWM 総点の変化の様相

表4は1991年から2010年のIWM総点を上位から並べて順位の変化と得点変化を示したものである。得点差が小さく全体における位置がほとんど変わ

表4　IWM 総点の変化の様相

1991	2010	得点差	1991	2010	得点差	1991	2010	得点差
①18.5(下降)	②14	-4.5	⑥6.5 上昇	④11.5	5	⑪3 (上昇)	⑦ 6	3
②18 下降	⑩4.5	-13.5	⑦5.5 (=)	⑩4.5	-1	⑪3 下降	⑮-18.5	-21.5
③16 下降	⑤8.5	-7.5	⑧5	⑥7	2	⑬-3 (=)	⑬-4	-1
④11.5 =	③11.5	0	⑧5 上昇	①17.5	12.5	⑭-3.5 上昇	⑦ 6	9.5
⑤9 下降	⑫-2	-11	⑩4.5 =	⑩4.5	0	⑮-6.5 =	⑭-6.5	0

下降・上昇　太字：10以上　普通：5〜10未満　（　）：3〜5未満

表5　2時期でのIWM の変化量（名）

	1991→2010	1991→1995
10以上	4(26.7%)	1(3.2%)
5以上10未満	3(20.0%)	7(22.6%)
3以上5未満	2(13.3%)	7(22.6%)
1以上3未満	3(20.0%)	9(29.0%)
1未満	0(0%)	6(19.4%)
変化なし	3(20.0%)	1(3.2%)
計	15(100%)	31(100%)

74　Ⅲ部　青年期から成人期の対人的枠組みと対人的認知の縦断的変化

らない者が見られる一方、大きく変化した者も見られている。表5は1991年から2010年、及び1991年から1995年のIWM総点の変化量である。1991年から2010年の19年間では、10点以上変化した者は4名（26.7％）、半数近く（7名）が5点以上変化しており、4年後に比べると変化量が増えている。

4．IWMの変化量および現在のIWMと他の変数との関連

　1991年から2010年のIWM総点の変化量と両時期にデータがある変数（エゴグラムと両親の態度）の変化量とに関連があるのかの検討を行った。有意な関連が見られたのは、NP（養護性）と.713（$p<.01$）、A（現実性）と.609（$p<.05$）であり、IWMが安定化している者は養護性と現実性が上昇していた。現在の生活の満足度、時間的展望、レジリエンスに関しては1991年には質問項目に入っていないため変化量のデータはないが、現在のそれらとIWM得点の変化量との関連に関して、レジリエンスの肯定的未来と.761（$p<.001$）、楽観性と.541（$p<.05$）の相関が見られ、肯定的志向性をもつ者は安定化していた。

　現在のIWM総点（IWMの安定度）との間に有意な相関が見られたのは、時間的展望.770（$p<.001$）、レジリエンス尺度の関係性.648（$p<.01$）、レジリエンス総点.722（$p<.01$）、生活満足度.552（$p<.05$）であった。

　IWMは肯定的楽観志向や他者からのサポートを得ようとする傾向というレジリエンスと関連し、また肯定的な時間的展望をもっているかや生活満足度とも関連していることが示された。表6に現在のIWMおよびIWMの変

表6　IWMの変化量及び現在のIWMと他の変数との関連

	NP （変化）	A （変化）	肯定的 未来	楽観性	関係性	レジリエン ス総点	時間的 展望	生活満 足度
IWM変化量	.713**	.609*	.761***	541*				
IWM2010					.648**	.722**	.770***	.522*

$^*p<.05,\ ^{**}p<.01,\ ^{***}p<.001$

化量のどちらかで有意な相関が見られた変数との相関係数を示した。

5．変化のタイプ分け

1991年と2010年のIWM総点の差及び両時期の得点のあり方から、次の4群を設定した。

　　高得点群　　2時期共10点以上
　　上昇群　　　2010年の得点－1991年の得点≧5点
　　下降群　　　2010年の得点－1991年の得点≦－5点
　　低得点群　　2時期共マイナス得点、

　該当者は各2名、3名、4名、2名（内1、1、2、1名は質問紙調査のみに答えた被調査者）であった。

6．変化のタイプと他の要因との関連

　表7は4群別に質問項目から換算された各得点、表8は面接調査や自由記述の中の「重要な他者」「仕事への思い」をまとめたものである。

　エゴグラムに関して、上昇群における現実性の上昇と、下降群における批判性の上昇が見られている。現実性も批判性も2時期の相関は高かったが、現実への理性的な対処とIWMの上昇、自他に対する批判性・厳しさとIWMの下降の関連が示唆されている。また高得点群・上昇群は全体的に時間的展望やレジリエンス得点が高い一方、下降群・低得点群では両者が低い者、また現在の生活満足度も低い者が見られている（半数の3名は最も低い得点である）。IWMの安定度が高いこと、上昇することと現在の適応感との関連が示されている。

　他者との関係や仕事に関しては、上昇群は夫が「自分が置かれている状況をよく理解し援助してくれる」「自分を理解しようとしてくれている」と感じている。また仕事より家庭が重要と考えている者が多く、「家庭があるから自分がある。仕事は家庭と比べるレベルではない。仕事はおまけ」「仕事

76　Ⅲ部　青年期から成人期の対人的枠組みと対人的認知の縦断的変化

表7　特徴ある群の重要な他者と仕事への思い

	case名	IWMの変化	重要な人	仕事への思い（家庭への思い）
高得点群	a	18→13.5	夫・子供・両親・友人	言及なし
高得点群	B	11.5→11.5	夫―家庭の雰囲気が異なる。肯定的な記述少。子供が重要。夫より母親の方が大切かもしれない。	家族が一番　仕事にも充実感はあるが子供との時間を大切にしたい。いざとなれば仕事をやめる。
上昇群	c	5→17.5	夫――一番の理解者・協力者。夫と友人―私を「人を信じられる人」にしてくれた。子供―私たちの宝	言及なし
上昇群	D	−3.5→6	夫―自分を理解し、合わせてくれる。困ったことに関して援助してくれる。母性的な姑とのかかわりから協調的になる。家族―なくてはならない人、生きる全て	家庭が全て。「家庭があるから自分がある」仕事はおまけ。仕事と家庭は比べるレベルではない。
上昇群	E	6.5→11.5	夫の気持ちをわかろうとしてなかった。夫はわかろうとしてくれたと気づいた。前向きな考えの仲間達と出会い、影響を受けた。彼女みたいになりたいと思う。	仕事は生きがいというより、生活のため。家族との活動が楽しい。仕事では愚痴や不満の話が多くて気分が悪くなる。
下降群	f	3→−18.5	重要だったこと、影響を受けたことの欄は空白。重要な人としては家族をあげる。（独身）	言及なし
下降群	g	18→4.5	家族の他に友人の比重も高い。	仕事で得た経験から影響
下降群	H	9→2	協力・共感してくれない夫がストレス。気がつかず、頼んでも応じてくれない夫への不満。2人の子どもが癒し・生きがい	仕事―生活の一部、本当の自分がいるという感じ。私らしさがだせる場、天職と感じている。

	I	16→8.5	夫—性格が正反対　それでよいのかもと言いながら不満も言っている。子育ての悩みや思いを共有してはいない。（一番大きい存在だった母親が昨年亡くなり、虚しい気持ちが続いている）	夫と子ども—運命共同体のような感じ。復帰してから仕事に充実感を感じている。自分の中で仕事は重要
低得点群	j	−6.5→−6.5	夫—すべての意味で必要と記述。重要だったことの欄は空白	言及なし
	K	−3→4	重要な人—思い当たる人はいない。一人で心理的に誰にも頼らずに生きてきた。話してもわかってもらえないと思うので人に話さず。	自分らしくいられる場を模索中。

〈注〉case 名のアルファベットの大文字は面接調査にも参加した者、小文字は質問紙調査だけの者。

は生きがいというより、生活のため」と述べている（高得点群のBも「仕事にも充実感はあるが、家族が一番重要。いざとなれば仕事をやめる」と述べている）。また2名が共通してプラス要因をもつ同性の者（「姑」「前向きな考え方をする友人」）からの影響を受けたことを語っている。

　下降群の中の面接もした者2名は、面接の中で夫への不満、理解を得られないことを語っていた（「両立が大変なのに、気づかず、言っても応じてくれない」「子育てへの悩みを共有してくれず、働くことへの理解もしてくれない」）。ソーシャル・サポートの重要な源の夫からそれが得られない不満やストレスが述べられていた。一方他群に比べて仕事に対する熱意を述べる者が多いという特徴が見られた（「仕事—ストレス発散の場でもあるし、私らしさが出せる場。本当の自分がいるという感じが得られ、天職と感じている」「子育てに専念していた頃はそれなりに楽しかったが、充実感がなかった。仕事に復帰してからは充実感でいっぱい。一生懸命やっている。自分の中で仕事はとても重要」）。

　夫の理解と援助がIWM得点を上昇させ、家族の重要性をより認識させる一方、夫への不満やストレスはIWM得点を下降させ、家族以外に充実感を

求める志向を生じさせる可能性が示唆されている。但し夫以外の様々なソーシャル・サポートの提供者との関係や、外的状況の変化等が関与している可能性もある。

Ⅳ．結論

本研究より以下のことが明らかになった。

19年後との相関は４年後との相関より値は下がることが多かったが、以前の傾向と関連している変数も多いことが示された。エゴグラムのような性格特性の方がIWMより変わりにくいことが示された。1991-2010では母親の統制が無相関であったが、子育てをする中で母親が子供を統制することに関する考え方や感じ方が変わったと考えられる。生育過程の各時期の適応感に関しては、19年経っても幼少期以外は大きく変わる者は少なかった。

IWM総点の19年間での変化に関しては，得点差が小さく全体における位置がほとんど変わらない者が見られる一方、大きく変化した者も見られ、半数近く（７名）が５点以上変化しており、４年後に比べると変化量が増えている。

変化のタイプとして高得点群／上昇群／下降群／低得点群の４群をもうけ、４群別に他の得点や面接調査・自由記述から得られた特徴を検討したところ、１）上昇群と下降群はエゴグラムの批判性と現実性で異なる　２）高得点群と上昇群は現在の適応がよい　３）上昇群は夫との関係がよく、仕事より家庭が重要と考えている者が多いのに対し、下降群は夫の理解が得られないことが語られ、他群に比べて仕事に対する熱意を述べる者が多いという特徴が見られた。

本稿ではIWMと関連する変数の縦断的変化や変化の関連の検討をおこない、どのような経験が変化のタイプと関連するのかを重要な他者や仕事への思いを中心に分析を行った。生育史の記述や面接での語りを使ったより詳細

な分析、生育の過程でどのような経験をしてきたか、夫以外の様々なソーシャル・サポートの提供者との関係や外的状況の変化等も含めた包括的な分析については、稿を改めて述べようと思う。

Ⅳ部　母親認知に関する研究

7章　母親認知の縦断的変化
―青年期から成人期にかけて―
（研究5）

Ⅰ．問題と目的

　両親に対する気持ちやそのとらえ方が発達と共にどのように変化するのか
については、多くの研究がなされ、幼少期の絶対的信頼と全面的肯定から、
徐々に距離を置くようになり、青年期には批判的・否定的になるが、青年後
期になると、欠点も含めて一人の人間として理解するようになるという経路
をたどることが示されてきた。青年期の変化について、西平（1990）は前者
の変化を第一次心理的離乳、後者を第二次心理的離乳とし、落合・佐藤
（1996）は心理的離乳の過程を5つの段階に分け、最終的に対等な関係にな
るとしている。それらの知見はそのほとんどが横断的な手法で得られたもの
であるが、山岸（2000）は看護短大生98名の生育史を分析することにより、
上述の母親に関する認知の変化が、横断的データだけでなく、同一人物によ
る回想的な資料にも見られることを示した。本研究では、そのような経路を
たどってきた女性が、その後成人期になった時、母親をどのようにとらえる
ようになるかについて縦断的な検討を行う。

　成人期になった娘とその母親との関係については、社会学や文学において
文学作品等を用いた分析（例えば Eliacheff & Heinich, 2002/2005、平林,
2006）やユング心理学の観点からの事例分析（例えば Zweig, C., 1996）等が
なされている。近年、発達心理学においても成人期の発達研究が盛んになさ
れるようになり（岡本, 1999、柏木, 2003）、また女性の生き方の多様化に伴
ってさまざまな生き方をしている女性の発達に関心がもたれるようになって

いる。母親認知や母親との関係に関しても、幼児期から青年期の者だけでなく、成人期女性に関する研究が増えてきている。特に出産によって、娘の立場から自分自身が母親になることに伴う母親との関係の変化（Fischer, 1981、北村・無藤, 2001）や、母親になった者の自分の母親についての認知と子供との関連を「愛着の世代間伝達」の問題として検討する研究（van IJzendoorn, M.H. (1995) がメタ分析をしている。日本でも数井他（2000）が検討している）、更に若い成人にとどまらず生涯発達的に全世代でどのように変化するかを検討する研究（渡邊, 1997、井森他, 2006）等がなされている。但しそれらの研究の多くは横断的なものであり、個々の変化を縦断的に検討する視点をもつ研究はほとんど見られない。

　本研究では青年期の母親認知が成人期になるとどのようになるのかに関して、同一の被験者から得た縦断的データによって検討を行う。本研究で取り上げる時期は、看護短大在籍時と卒業後10年経った時期である。卒業後10年たつと、職場においては看護職の仕事にかなり熟達し、責任も重くなりつつあるし、また看護職に就いた後に結婚し、出産して母親役割を担って子どものケアをしている者も多くなっている。彼女たちは、成人期の発達課題である他者の世話をする「ケア課題」を担うようになっており、娘という立場、ケアを受ける立場から、ケアを与える側へと社会的地位を大きく変化させている。そのように生きる立場が変わることが母親認知にどのような影響を与えるのか、青年期の母親認知と30代はじめの女性の母親認知がどのように変わるのかについて、縦断的なデータに基づいて検討する。

Ⅱ．方法

1．被調査者

　1994年からの縦断研究（山岸, 2006a 等）の被調査者の内、面接調査に応じるとした者20名を対象とした。年令は31～33才、現在の職業は看護師8名、保健師2名、助産師1名、養護教諭1名、パート職3名、専業主婦5名であ

る。既婚者が11名、子どもがいる者8名、妊娠中2名で、居住地は関東地区が15名、遠隔地が5名である。

2．調査時期

　1回目—1994年5月　2回目—2005年7月〜9月。

3．手続き

【看護短大在籍時（1994年）】

　「対人的関係の中でのパーソナリティの発達」に関する発達心理学の講義の後に各自の生育の過程を書くレポート課題を課し、約10日後に提出させた。B4の用紙を4×3の欄に分割し、4つの時期—乳幼児期、小学校時代、中学・高校時代、高校卒業以降—それぞれに関し、以下の3つの観点別に自由に記述してもらった。3つの観点は、対人的環境をどうとらえ、どう感じていたか、まわりの他者はどういう意味をもっていたかを直接的，間接的にとらえるためのもので、1）「どのような時期だったか（どのような赤ちゃん、幼児、小学生…だったか）、どのように育てられ、それをどう感じていたか」2）「どんなことがあったか（自分にとって重要だったこと、楽しかった、嫌だった、つらかったこと etc.）」3）「自分にとってまわりの人（母親、父親、兄弟、友人、教師 etc.）はどんな意味をもっていたか、誰が自分にとって重要だったか」である。字数は短いもので400字×3枚、長いものは14枚、平均すると6枚程度のものが多かった。

【卒業後10年（2005年）】

　2004年10月に、過去から現在の対人的経験の認知や対人的枠組みが変わるのか」についての質問紙調査への調査依頼を郵送で行い、同時に「今まで縦断的研究に協力していただいたが、その間のことや現在のことについて面接調査をしたい」という依頼を行った。日程を調整して、大学の研究室まで出向いてもらった。

　面接では、幼少期から短大時代まで、そして卒業後にどのようなことがあったか、どのような時期だったか、自由に語ってもらった。更に母親はどの

86 　Ⅳ部　母親認知に関する研究

ような人か（形容詞でいうと、あるいは一言でいうとどんな感じか）、母親
に対する気持ちは変わったか、どう変わったか、何によって変わったのだと
思うか等について語ってもらった（但し場合により、聞く内容や聞き方はい
くらか異なっている）。所要時間は、11年前に本人が記述した生育史を読ん
だ印象や自分の変化、現在のこと等も含めて1時間程度であった。了解を得
て、ICレコーダーに録音して書き起こした。

4．倫理的配慮

　1994年―プライバシーにかかわることなので、"誰々が―だった"という
形では口外しないこと、書きたくないことは書かなくてよいことを伝えた。

　2000年10月の調査依頼時に、1994時に書いた生育史の内容を、研究成果と
して公表することに関するinformed consentの書面を同封し、匿名で公表
することの諾否を書面で回答してもらい、同意し且つ調査協力に応じるとし
た者のみを調査対象者とした。

　2005年―プライバシーにかかわる調査への複数回の協力、遠方からの参加
への謝辞を述べてから，言いたくないことは言わなくてよいこと、研究以外
で口外することはないが、研究誌に匿名で公表する可能性があることを伝え、
同意書を提出してもらった。面接中にネガティブ度が強いことが語られた場
合は、できるだけ共感的に話を聴き、その後雑談も含めて肯定的な話に戻る
ように配慮した。順天堂大学医療看護学部研究等倫理委員会の承認を得た。

Ⅲ．結果と考察

1．成人期の母親認知

　まず母親との関係や母親に対する認知に関する語りを取り出し、類似した
ものをまとめていき、カテゴリーを設定した。肯定的な語りは看護短大生の
時に書いた生育史の5つの時期[注1]における母親認知（山岸, 2000）と類似
した語りが見られたので、できるだけ以前のカテゴリーに合う形で6つのカ
テゴリーを設定した。それらは母親に関する認知（①②③）と母親と自分と

の関係に関する認知（④⑤⑥）の２つにまとめられた。否定的な語りに関しては山岸（2000）とはかなり異なるため、本研究では６つの肯定的カテゴリーの反対方向の４カテゴリー（－③－④－⑤－⑥）を設定することとした。各カテゴリーの概要とそれに該当する例を表１に示した。各カテゴリーへの該当者数は表２の通り。

　肯定的な語りとしては「母親に関する認知」としてまとめられた①感謝の気持ち、②母親の気持ち・立場の理解、③母親への尊敬や評価が多く、各々７名（35％）に見られた。肯定的な語りに関して、短大時代の生育史から設定した肯定的カテゴリー（山岸, 2000）と対応させて、幼少期から短大時代までの５時期と本研究での該当者数を表３に示した。短大時代の生育史の記述では、②「母親の気持ち・立場の理解」は全くみられなかったし、③「母親への尊敬や評価」も幼少期には見られず、中学・高校でわずかに出現し（各々１，２名（98名中））、短大時代は７名であったが、成人期には１／３の者が言及していた。①「感謝」は高校時代から短大時代にかけて急増（４名（4.1％）→26名（26.5％））していたが、成人期には35％と更に多くなっていた。一方「いたわりの気持ち」は高・大[注2]で各２，７名見られていたが、成人期にはなくなっている。「母親に関する認知」（①②③）が肯定的語りに占める率は、幼・小・中・高・大・成人期で各々０％、０％、8.7％、14.3％、46.0％、58.3％であり、発達と共に多くなることが示されている。

　「母親からサポートを得たり親密な関係をもつ」という言及は、幼少期の全てであり（幼、小では100％）、その後も多いが、成人期にも割合は減っているものの同様な語りが見られた。④親密な関係、⑤精神的支え、⑥実質的支えが各５名に見られた。一方中・高・大で見られた「大人としての扱い」（各12、17、22名）は、成人期にはなくなっている。

　否定的な語りは、母親に関する認知は－③（③の語りの反対の意）「尊敬・評価しない」のみで、３名（16.7％）に見られた。自分との関係について否定的に語る者は、－④「親密な関係でない」４名（20％）、－⑤「精神的に支

表1　母親認知の分類カテゴリーとその例

肯定的
A.　母親に関する認知
①感謝の気持ち：母親への感謝の気持ち・感謝の気持ちの強まり
「離れて暮らすようになって、前よりも更に感謝の気持ちをもてるようになりました。自分が弱ってしまったり困った時に助けてくれるし、自分が妊娠してやっぱり子どもを育てるのは大変なことだなって思うから、感謝の気持ちが深くなって、子どもを産んだらもっと深くなるんだと思います。」
②気持ち・立場の理解：気持ちや大変さがわかる、子どもの頃の母親のネガティブな行動の理解
「母親の気持ちがわかるようになりました。子どもが生まれて育児っていうのは我慢の連続だとすごく思って。それから昔のことをふと思い出して、あの時こういうことがあったなっていう時に母親の気持ちがわかるなって思います。小さい時すごく支配されてたなと思ってたけど、子どもに教えてあげる時はそうなるんだなって。」
③尊敬・評価：女性として、母として尊敬・評価する─「大変さ」がわかってすごいと思う。母のようにしたい。
「家族を大事にしてくれ、仕事も家族のために頑張ってくれて、働く姿を小さい頃から見てきました。母は仕事をしながら家事と育児をやっていて、すごい人だなー、私にはできないなーと思います。」
B.　母親と自分との関係に関する認知
④親密な関係：仲がよい、一番話せる、相談する
「（ある出来事以降）両親の存在が大きくて、相談したり助けてもらったりしました。母親ははっきりしていて怒りやすい人ですが、自分の意見を言って私の意見も取り入れてくれます。」
⑤精神的支え：話をきいてくれてありがたい・よくわかってくれる
「何か相談事があると一番母に言います。後押しはもうしないけれど耳を傾けてくれる。それだけで楽になるので。後押しでなく、話を聞いてくれる存在になりました。」
⑥実質的支え：重要、なくてはならない
「最近はなくてはならない存在ですね。子育てをするにあたってなくてはならない存在です。おばあちゃんの協力なくして子育てはやってられないので、本当に心強いですね。」

否定的
A．親に関する認知
−③尊敬・評価しない：母のようになりたくない、よい母ではない
「母のようになっちゃうかもと思いつつ、なりたくないなと思う。性格は似ているんですけど、だからこそこういう風になりたくないっていうのはあります。」
B．母親と自分との関係に関する認知
−④親密な関係でない：心が離れている、好きでない
「（ある出来事以降関係が悪化し）今も頭にきています。つらい時も助けてほしいとは思いません。ストレスを与えないように離れていてほしい。」
−⑤精神的に支えられていない：わかってくれない、相談しない
「（重要な人）おばさんかもしれません。何か迷った時に相談できるのはおばさん…、お兄さんかもしれません。」
−⑥実質的に支えられていない：親が重要という認識や支えてもらっているという認識がない
「親が重要という認識はあまりないですね。親に依存はしなかった。」

表2 各カテゴリーの該当者数

（カッコ内は％）

	カテゴリー	人数	計	
肯定的	A．母親に関する認知 ①感謝の気持ち ②気持ち・立場の理解 ③尊敬・評価	7(35) 7(35) 7(35)	21	36
	B．母親と自分の関係 ④親密な関係 ⑤精神的支え ⑥実質的支え	5(25) 5(25) 5(25)	15	
否定	A．母親に関する認知 −③尊敬・評価しない	3(15)	3	13
	B．母親と自分の関係 −④親密でない −⑤精神的支えなし −⑥実質的支えなし	4(20) 4(20) 2(10)	10	

90 Ⅳ部　母親認知に関する研究

表3　肯定的語りに関する生育史の記述との対応
（幼少期から短大時代までと現在の認知）

	山岸 （2000）	幼	小	中	高	大	成人期
A母親に関する認知							
①感謝の気持ち	d	0	0	3	4	26	7
②気持ち・立場の理解		0	0	0	0	0	7
③尊敬・評価	f	0	0	1	2	7	7
いたわりの気持ち	g	0	0	0	2	7	0
B母親と自分の関係							
④親密な関係	c	0	6	4	8	8	5
⑤精神的支え	b	0	7	8	8	11	5
⑦実質的支え	a	50	17	18	25	6	5
大人としての扱い	e	0	0	12	17	22	0
Aが全体に占める率		0%	0%	8.7%	14.3%	46.0%	58.3%
Bが全体に占める率		100%	100%	91.3%	85.7%	54.0%	41.7%

〈注〉幼～大は生育史98名、成人期は面接20名
　　　山岸（2000）のカテゴリーではcとfは今回と名称が異なり、c「よい関係」f「先輩・モデル」である。

えられていない」4名（20%）、－⑥「実質的に支えられていない」2名（10%）であった。これらの語りは自分にとって母親がどう見えるか、自分と母親の関係がどのようであるかを語るものである。看護短大時代に生育過程を振り返って記述した時の評定カテゴリー（山岸、2000）は、否定的なものは「B葛藤や問題がある関係」であり、サブ・カテゴリーとして「Ⅰ反発・反抗」「Ⅱ強く厳しい統制」「Ⅲ分離不安」「Ⅲ'愛情欲求」「Ⅳ愛されていない」「Ⅴ回避・嫌悪・意味を認めない」を設定した。今回の否定的語りは、前回と同様母親との関係が良くないことの表明ではあるが、山岸（2000）では母親との否定的関係に関する記述は、そこから生じる自分の気持ち（不満、否定的な感情）の表明が主であり、自分と母親との関係そのものを客観的に述べるものは少なかった。それに対して今回の語りでは、母親との否定的関係に巻き込まれて否定的な感情を表明するのではなく、どのよ

うな母親なのかを記述し、母親との関係を客観的に述べるものが多い。「わかってくれない」「話をきいてくれない」等は不満の表明でもあるが、否定的な感情を強く表明している者は1名のみである。問題を感じていても、そこから自分の主観的な気持ちを述べるのではなく、冷静に客観的に母親を見ている者が多い。例えば「よい母親なのかわからないし相談する気にならないが、まじめに仕事をしている点で尊敬しているし、当たり前のことがすごいと思う」というような語りが見られた。

2．成人期の母親認知と以前の認知との関連

　1では20名全体でどのカテゴリーが多いのかを以前の全体的傾向と比較しながら検討したが、次に現在の認知と11年前の認知との関連を個別的、縦断的に検討する。

　両者の関連を検討するために、それぞれを以下のようにグループ化した。現在の認知に関しては、各個人が母親に対してもつ認知を、肯定／否定カテゴリーに該当したかどうかから査定し、肯定カテゴリーのみ／否定カテゴリーのみ／両方に該当した者を、それぞれ肯定的／否定的／両面的に分類した。それぞれ11名、3名、6名であった。

　次に今回の面接で現在の母親認知が肯定的／否定的／両面的の者が、1994年に各時期の母親をどのように記述していたかの検討を行った。山岸（2000）では看護短大時の生育史において各時期の母親をどのように記述していたかの評定を行い、母親との関係の質を4つのカテゴリー「A　良好な関係」「B　葛藤や問題がある関係」「C　稀薄な関係」「N　評定不能」に分類し、更に内容や強さを考慮したサブ・カテゴリーに分類した（内容については前述のBの6つの他に、Cに関して「Ⅰ情緒が少ない」「Ⅱ母親の記述が少ない」「Ⅲ他の対象に愛着を向ける」の3つを設け、強さについては、傾向が弱い場合は(A)(B)(C)というようにカッコをつけて2段階とし、Bに関しては強い場合には B として3段階を設けた）。本研究では1で述べたよ

うに、否定的な語りに関しては以前のものと同質のカテゴリーを設定できなかったので、以下の分析では内容のサブ・カテゴリーは用いず、強さのサブ・カテゴリーのみを使用することとした：４つの時期全体を通して記述された母親との関係の質がどうであったかの指標として、４時期（乳幼児期／小学校時代／中・高校時代／高校卒業以降）別のＡ、（Ａ）、B̄、Ｂ、（Ｂ）、Ｃ、（Ｃ）、Ｎの評定を得点化し（Ａ：２点、（Ａ）：１点、（Ｂ）（Ｃ）Ｎ：－１点、Ｂ：－２点B̄：－３点）、合計を算出して、次のように分類した。

　　　良好な関係　　　Ａ（Ａ）が多いもの－関係に問題があっても１時期だけで
　　　　　　　　　　　あったり、（Ｂ）（Ｃ）Ｎのように問題が弱いものである場
　　　　　　　　　　　合で、得点が０以上
　　　弱い問題あり　　得点が－６点から－１点
　　　強い問題あり　　問題な時期が多く、得点が－７以下

　なお１時期の評定が複数の場合は同じ強さの場合と同様、主分類一副分類の場合も0.5ずつとした。現在の語りの３グループ（肯定／両面／否定）と、生育史全体における母親との関係の質の３グループ（良好／弱い問題／強い問題）との関連は表４の通り。現在母親認知が肯定的な者は生育史においても良好な関係を記述していることが多く、両面的な者は弱い問題、現在否定的な者は強い問題を記述している者が多い傾向が見られている。

　次に、現在の母親認知が肯定的／否定的／両面的である者が、４つの時期にどのように母親との関係をとらえていたかを４つの時期別に集計した（表５～８参照）。なおＮ評定不能は記述が少ない等で評定できないものだが、本研究では稀薄な関係に含めた。

　幼児期に関しては、現在肯定的に語る者は11年前の生育史でも良好な関係が多く、11名中８名（72.7％）である。両面的に語る者はＣ（Ｃ）Ｎが６名中4.5名（75.0％）であり、母親とのつながりが薄いと感じていた者が多い。否定的に語る者３名中1.5名、半数の者は問題がある関係ととらえていた。

　小学校時代は、全体的に問題な者が増加しているが、他は幼児期と同様の

表4　現在の語りと生育史の記述との関連

現在＼生育史	良好	弱い問題	強い問題	計
肯定	7	4	0	11
両面	1	4	1	6
否定	0	1	2	3
計	8	9	3	20

表5　現在の母親認知と幼児期の認知の質

現在＼生育史	A	(A)	(B)	B	[B]	(C)	C	N	計
肯定的	2	6	1	1		1			11
両面的		1		0.5		1	2.5	1	6
否定的		1		0.5	1		0.5		3
計	2	8	1	2	1	2	3	1	20

表6　現在の母親認知と小学校時代の認知の質

現在＼生育史	A	(A)	(B)	B	[B]	(C)	C	N	計
肯定的	1	5.5	2	2.5					11
両面的		1		1.5		1	1.5	1	6
否定的				2	1				3
計	1	6.5	2	6	1	1	1.5	1	20

表7　現在の母親認知と中・高校時代の認知の質

現在＼生育史	A	(A)	(B)	B	[B]	(C)	C	N	計
肯定的	2	2	3	1	1			2	11
両面的	1.5	0.5		3		1			6
否定的		0.5		1.5	1				3
計	3.5	3	3	5.5	2	1	0	2	20

94　IV部　母親認知に関する研究

表8　現在の母親認知と短大時代（高校卒業後）の認知の質

現在　　　　生育史	A　（A）		(B)　B　B			(C)　C　N		計
肯定的	4	3	3				1	11
両面的	2	2		1			1	6
否定的		1			1	1		3
計	6	6	3	1	1	1	2	20

傾向である。比較的強い問題であるBの数は、幼児期と比べると肯定群1名→2.5名、両面群0.5名→1.5名、否定群0.5名→2名と上昇しており、3グループとも幼児期より問題を記述する者が増加している。Bの数が全体に占める割合は、肯定群、両面群、否定群各々22.7％、25.0％、66.7％と否定群に多く、否定群では2/3がBで残りの1人は強い問題のBであり、全員が問題のある関係であった。

　中・高校時代は・小学校時代と同様に問題な者が多く（各群各々45.5％、50.0％、83.3％）、特に両面群ではBが3名と小学校時代の2倍になっている。大学時代は、全体的に良好な者が増えており、肯定群63.6％、両面群66.7％、否定群33.3％が良好な関係を記述していた。

　以上のことをまとめると、現在母親を肯定的に語る者は、全体的に生育史における母親との関係が良好な者が多い。特に幼児期は他よりも良好な語りが多く、発達と共に問題を記述する者がいくらか増えるが、他群よりは良好である（但し大学時代は両面群と同程度である）。両面群の者は、幼児期につながりが薄い者が多いという特徴が見られ、その後は徐々にBに移行し、中・高校時代には問題や葛藤を記述する者が増えるが、大学時代は良好な者が増えている。否定群の者はどの時期でも問題や葛藤を記述する者が多く、特に小学校時代と中・高校時代で多くなっている。

　各々の典型例を簡単に以下に示した。

【現在の母親認知が肯定的な者】

「子育てが思っていたより大変なので、母一人でやっていてたくましいと思う。感謝が大きくなった。手をとめてやってくれた母、大変だったんだろうな」と、子育てをする中で改めて母親の大変さを実感し、母親の気持ちの理解と感謝が表明されている。

11年前の生育史においては、幼児期は「常にそばにいて守ってくれる重要な人」小学校時代「誰よりも信用できて守ってくれる重要な人」と一貫してよい関係が記述されていた。中・高時代は「両親はほとんど干渉することなく自由に育てられ、それをありがたく感じていた。自由であるかわりに責任をもたされたが、寂しさや重荷を感じることもなかった」と青年期の親との葛藤はほとんど見られない。短大時代は両親への尊敬と経済的精神的支えであることが記述されており、発達時期に応じて関係が多少変わりつつ、どの時期も一貫して良好な関係がもたれている。

【現在の母親認知が両面的な者】

現在の語りは、「似ているが、あのようになりたくない。嫌いじゃないし、仲はいい方だけど」「それなりに好きだったが、自分を発揮できなかった」と両面が語られる。

生育史は、幼児期は全欄記述がなく、小学校時代はある出来事に関して両親に肯定的なコメントをしているが、母親とのプラスの関係が窺えず、関係の質は評定できずNとされた。中・高時代は「親のことはあまり好きじゃない」「親は自分のやりたいことを邪魔する存在」と問題が記述される。短大時代は「家族と離れることで家族の大切さがわかった」「お互いを尊重しあっていい関係」と関係は好転している。

【現在の母親認知が否定的な者】

生育史では、一貫して母親の身勝手さや過干渉が記述されている。それでも幼少期は「なくてはならない存在」だったが、中・高時代には「信用できない存在、いてもいなくてもいい存在」と記述され、短大時代は「バイトを

始めて干渉されなくなり、とても楽しい」「私は絶対子どもから信頼され、話し合うような母親になりたい」とある。

現在も「母親に対する思いは全然変わっていない」と述べ否定的感情や評価は一貫している。但し自立した大人同士の関係になっているので問題や葛藤はなく「色々やってもらっている」とある。現在の状況を客観視しているが、母親への思いは否定的なままである。

IV. 討論

30代女性が母親をどのようにとらえているか、面接での語りを分析し青年期に記述されたものと比較したところ、語り方に類似した所と異なる所が見られた。肯定的な語りに関しては山岸（2000）と類似のカテゴリーが見られた。「親密な関係である」とか「親が支えてくれる」とする認知は時期によらずあり、母親と自分の関係がよいものであるという認知はどの時期にも同じようにあることが示された。一方発達と共に「母親と自分の関係」ではなく「母親」についての認知が増加し、青年期に増加していた①（「感謝」）は更に増加しているし、③「尊敬・評価」は成人期になって急増している。②「立場の理解」は成人期になってはじめて見られた認知である。

青年期後期にも心理的離乳により親子関係の再構成化がなされ、親からの保護を脱する中で感謝の気持ちが強まり、保護者としてではなく対等な人間として見ることにより尊敬できるようになっていたが、更に自立の程度が進み、一人の人間として自立し母親と同等の大人になったことで、それらの傾向が強まり、また保護される立場から保護する立場への変換が親の立場の理解をもたらしたと考えられる。

青年期に見られた「大人としての扱い」「いたわりの気持ち」は成人期にはなくなっているが、これは彼女たちが大人になり、大人としての扱いが当たり前になったため、あるいは彼女たちが明確なケアの対象をもつようになって、母親の大変さを改めて感じ、短大時代には小さく見えた母親をより心

強く感じているからだと思われる。

　そのように状況の変化により変わる部分もあるが、親に対する肯定的気持ちや親がもつ意味においては何歳になっても変わらない部分もあることが示された。

　否定的な語りに関しては、青年期の記述から設定されたカテゴリー（山岸，2000）とは異なるカテゴリーが抽出された。何歳になっても親の肯定的意味は類似しているのに対し、社会的・経済的に自立し、親の庇護から離れた成人期には、母親に対する否定的な感情を強く表明するのではなく、自分との関係を客観的に述べる者が多いことが示された。本研究の被調査者は31才〜33才であり、結婚して自分の家族をもつ者が11名で自立度は高いと考えられるし、結婚してなくても、あるいは同居していても（5名）、社会的・経済的に自立しており、自分も親もそのことを自覚してお互いに対して行動をしている者が多いと考えられる。自立が不十分な看護学生の時には親との見解に不一致があれば、親が自分の考えを押しつけ、青年がうるさく思うことも起こりうるが、双方が自立を認めていれば不一致があっても大きな問題にはならず、強い否定的な感情をもつことは少なくなっていると考えられる。保護する子どもであれば親は統制をし、それに対して反発したり、愛情を求めたり葛藤が生じるだろうが（従って反発・反抗／統制／愛情をめぐる葛藤のようなカテゴリーが設定されることになる）、成人期にはそのような問題は目立たなくなり、たとえ不一致や問題があっても大きな葛藤にはならないし、なりそうであれば離れることも可能だからである。

　そのように成人期になり、保護する親−保護される子の関係ではなく、自立して対等な関係になると、関係そのものが変わるし、否定的な関係が続いていたとしても、自立しているためそれにまきこまれることなく、冷静に母親や自分との関係を見るようになる場合が多いことが示された。

　成人期の母親認知と以前の認知との関連に関しては、今回の語りと11年前の生育史の記述が似ている場合が多く、現在が肯定的な者は11年前も良好な

関係であることを記述し、現在否定的な者は11年前にも問題や葛藤を記述する者が多い傾向が見られた。両面を語る者は幼児期につながりが薄いことを記述し、その後徐々に問題ある関係に移行し青年期には問題や葛藤の記述が否定群と同様に多くなり、大学時代には良好になる者が多いという特徴が見られた。現在両面を語る者は、11年前にも各時期に関して両方の面を記述していたといえる。

　今回と11年前の語りが基本的に似ていたのは、1）11年間にいろいろなことがあっても母親への気持ちにはかなり一貫性があること、2）我々はBowlby（1973/1977）が提唱しているように、内的作業モデルという対人的情報を処理しそれに基づいて判断し行動する安定した枠組みをもっていて、彼女たちはそれに基づいて母親との関係を語っていることによると考えられる。

　今回は縦断的なデータを数量的に分析し、各群にどのような特徴がみられるのかを全体として検討したが、今後青年期から成人期の変化が結婚することや子どもをもつこととどう関係しているかの検討、更により詳しく個々の事例を検討し、以前どのように語っていた者が11年後にどのように語るようになるのか、変化すること・しないことに関与する要因は何か等を質的に検討する必要があると思われる。

注
〈1〉生育史の記述は中学・高校時代を1つにまとめて4時期に分けたが、中学時代と高校時代では内容が異なることが多かったため、評定は2つを別々にしたため、以後母親認知は5つの時期別に検討されている。
〈2〉以後複数の時期を記載する時は、幼少期、小学時代、中学時代、高校時代、短大時代各々を、幼、小、中、高、大と略記する。

8章　成人期において母親になることが
母親認知に及ぼす影響
（研究6）

Ⅰ．問題と目的

　7章でも述べた様に、近年発達心理学において成人期女性を対象とした研究が盛んになっている（岡本, 1999、柏木, 2003）。特に，成人になった娘とその母との親密な関係や世代間のサポート（春日井, 1997、島谷, 1999、北村・無藤, 2001、北村・無藤, 2002）、結婚や出産による母親との関係の変化（Fischer, 1981など）に関して多くの研究が行われている。北村・無藤（2001）では、母親との関係が成人になった娘の適応状態を規定する度合いを検証するとともに、結婚や出産によって母親との関係がどのように変化していくのかが検討されている。

　更に、若い成人にとどまらず生涯発達的に全世代で母親との関係がどのように変化するのかを検討する研究（渡邊, 1997、井森他, 2006など）もなされている。井森他（2006）では大学（短大を含む）を卒業した20代から80代の女性の「親と自分との関係」の分析において、親依存傾向は20代では高いがその後年代が上がるにつれて低くなっていること、また、親との安定したパートナーシップ形成は20代から30代にかけて増加することなどを見出している。

　本章では7章に続き、青年期の母親認知が成人期になるとどのようになるのかに関して、7章の2005年のデータを用いて、子どもを持ち母親になる経験の有無が母親認知にどう影響しているかに焦点を当てて検討する。7章では、ケアを受ける立場から、看護職や母親というケアを与える側へと社会的

100　Ⅳ部　母親認知に関する研究

地位を変化させ、生きる立場を大きく変えたことが母親認知にどのような影響を与えるのかについて、縦断的なデータに基づいて検討したが、本章では子どもを持ち母親になる経験が母親認知にどう影響しているかを検討する。母親になり子どもを育てることで、自分の育ちを振り返る機会が増え、また母親の立場や気持ちをそれまでとは異なった観点からとらえ直し、理解が進むことが考えられるが、子どもを持っている場合とそうでない場合の母親についての語りの違いを分析する。

Ⅱ．方法

1．被調査者

　31～33才の成人女性20名。既婚者が11名、子どもがいる者8名、妊娠中2名である。詳細は7章参照。

2．手続き

　7章と同じ。面接調査の実施。

3．分析方法とカテゴリー

　7章と同じ。但し「母親に関する認知」の命名を「母親を対象とした語り」と変更し、そのカテゴリー①、②、③、－③については、さらにそれぞれの語り内容を再分類し、ａ．母親にどう育てられたかを見直すことがなされている語り，ｂ．現在の自分に対しての母親の行動に基づく語り，ｃ．それ以外，に分けた．それを表1に示した．

4．倫理的配慮

　7章参照（但し2005年のみ）。

Ⅲ．結果と考察

1．母親群と未母親群の各カテゴリーの出現率の違い

　今回の被調査者のうち子どもを持っている者8名の子どもはすべて乳幼児期にあった。この8名と第一子を妊娠中の2名を合わせた10名を「母親群」

8章　成人期において母親になることが母親認知に及ぼす影響（研究6）　101

表1　「母親を対象としてみた語り」の内容

（a．どう育てられたかを見直す語り　　b．現在の自分に対する母親の行動に関する語り
c．それ以外）

〈肯定的言及〉

① 感謝の気持ち
 1）ここまで育ててくれたこと－a．母親にどう育てられたかを見直すことがなされ
　ている
 2）現在の自分を心配し支えてくれること－b．現在の自分に対しての母親の行動に
　基づく
 3）決定を後押ししてもらったこと－c．それ以外
② 行動・気持ち・立場の理解
 1）子どもの頃の母親のネガティブな行動（うざったいと思っていた母親からの働き
　かけ等）の理解－a．
 2）親の気持ちがわかるようになった－a．
 3）家の中での母親の立場－c．
③ 尊敬・評価
 1）母親として－a．
 2）女性として－c．
 3）仕事に対するまじめさ－ c．
 4）子育てを手伝ってくれる存在として－b．
 5）家事ができることに対して－c．

〈否定的言及〉

－③尊敬評価しない
 1）子育てモデルとしての否定的評価－a．

　とした。「母親群」はすべて既婚者であった。一方、子どもを持っていない
ものを「未母親群」とした。「未母親群」10名のうち1名は既婚者、9名は
独身者であった。
　母親群と未母親群別に、現在の母親の捉え方の各カテゴリー（cf. 7章）
に該当する語りが見られた人数を表2に示した。また「母親を対象とした語
り」の各カテゴリー（表1）に該当する語りの群別の人数を表3に示した。
【母親を対象とした語りに関する結果】
　「母親を対象とした語り」に関しては以下の傾向が見られた(cf. 表2、表3)。

102 IV部 母親認知に関する研究

表2 現在の母親の捉え方の各カテゴリーに該当する語りがみられた人数

肯定的	母親群 (N=10)	未母親群 (N=10)	否定的	母親群 (N=10)	未母親群 (N=10)
母親を対象としてみた語り					
①感謝の気持ち	4	3			
②気持ちの理解	5	1			
③尊敬・評価	5	2	－②尊敬・評価しない	3	0
母親と自分の関係の語り					
④親密な関係	1	4	－④親密でない	1	3
⑤精神的支え	1	4	－⑤精神的支えなし	2	2
⑥実質的支え	2	3	－⑥実質的支えなし	0	2

表3 群別項目言及数

カテゴリ（項目）		母親群	末母親群
①感謝の気持ち	1）a	3	
	2）b	（1）	2
	3）c		1
②気持ち・立場の理解	1）a	4	
	2）a	1	
	3）c		1
③尊敬・評価	1）a	2（1）	
	2）c		1
	3）c	1	
	4）b	1	
	5）c		1
－③尊敬・評価（否）	a	3	

母親群の（ ）は妊娠中の者の言及数

①感謝の気持ち・感謝の気持ちの強まりの表明は、「母親群」にも「未母親群」にもほぼ同じような割合で見られた（cf. 表 2）。しかしその感謝の気持ちの内容をみると（cf. 表 3）、「未母親群」では 2）現在の自分に対する支え、心配してくれることへ思い（b）が語られている。また妊娠中では 3）決定を後押ししてもらったこと（c）が語られているが、実際に子育てしている「母親群」では 1）ここまで育ててくれたこと（a）に感謝している。

②気持ちの理解－「母親の気持ちがわかるようになった」「大変さがわかる」「子どもの頃の母親のネガティブな行動の理解」－は「母親群」の半数（5 名）の人に見られたが、「未母親群」では 1 名にしか見られなかった（cf. 表 2）。そして内容に関しても（cf. 表 3）、その 1 名の「未母親群」からは「父と祖母の間で苦しみながら、母は良く耐えて世話をしたと思う」という 3）家の中での母親の立場（人間関係）の理解（c）が語られた。一方実際に子育てしている「母親群」4 名からは「母親に似てきた」「片付けなさいとせわしく言う」「今になって気持ちがわかるようになった」など、1）子どもの頃の母親のネガティブな行動の理解（a）が、また 1 名からは「感謝は前からあったけど、親の気持ちになって考えられるようになった」という 2）母親の気持ちの理解（a）が語られた。ここには母親としての経験が関係していると思われる。

③母親（女性としても含む）への尊敬や評価－「大変さがわかる（すごい）」「母のようにしたい」－も「母親群」の半数（5 名）の人に見られたが、「未母親群」では 2 名に見られただけだった（cf. 表 2）。内容については（表 3）、2 名の「未母親群」では「女性としてお母さんの考えもいいなと思う」という 2）女性として（c）、また 5）家事ができること（c）に対して語られた。一方、「母親（妊娠中を含む）群」では「母は何かやってというと手を止めてやってくれるような母だった。今思うと、わたしは今できてないので良くできた母だったと思う」など、1）母親としての尊敬・評価（a）が 3 名に見られたが、その他「まじめにこつこつ働いている、当たり前のこ

とがすごいな」という３）仕事に対するまじめさ（ｂ）、また４）子育てを手伝ってくれる存在（ｂ）としての評価もあった。

　また③の否定である－③尊敬・評価しない語り―「母のようにしたくない」「母のようになりたくない」「いい母親かどうかわからない」―については、「母親群」３名に見られ、「未母親群」では見られなかった。その内容は（表３）、「お母さんのようになっちゃうかなと思いながらもなりたくないと思う」「勉強勉強と言われ、すごいいろいろ習わせてもらった。今のわたしとは価値観が違う。嫌いじゃないけど、仲はいいほうだと思うが、こういうのはいやだなあという時も多々ある」など、子育てモデルとしての否定的評価（ａ）であった。③または－③の言及は「母親群」10名中８名に見られており、「母親群」において自分の母親としてのあり方（育て方）を考える時、母親にどう育てられたかを客観的に見直すことがなされていると思われる。

　なお、「母親を対象とした語り」に関して、「母親群」の延べ言及数は17、その内のａ「母親にどう育てられたかを見直すことがなされている語り」は14、「未母親群」の延べ言及数は６、その内のａは０であった。母親群においては母親にどう育てられたかを見直すことがなされ、そのことがこの期の母親認知に影響を与えているといえる。

【母親と自分との関係に関する結果】

　「母親と自分との関係に関する認知」に関しては以下の傾向が見られた（表２参照）。

　④親密な関係（仲がよい、理解がある）については「未母親群」４名にみられる一方、「母親群」では１名にすぎなかった。また、その否定である－④親密でない（衝突が多い、親のこと好きじゃない）も「未母親群」３名にみられ、「母親群」では１名にすぎなかった。

　④または－④の言及は「母親群」で10名中２名であるのに対して、「未母親群」では10名中７名に見られており、「未母親群」は「母親群」に比べて母親との関係がより重要であり、母親との関係を解決していない（葛藤中）

の者も比較的多いことが窺える。

　⑤精神的支え（話をきいてくれる、相談する）という表現も、④親密な関係と同様に「未母親群」４名に見られ、「母親群」では１名に見られたにすぎなかった。その否定である－⑤精神的支えなし（相談しない）は「母親群」「未母親群」各２名に見られている。

　⑥実質的支え（重要、なくてはならない）という言及は「母親群」２名、「未母親群」３名で、ほぼ同じような割合で見られた。－⑥実質的支えなし（重要でない）は「未母親群」２名のみに見られた。

　なお、この２名には－④親密でないという言及もみられており、その言及はすべて否定的カテゴリーからなる語り“否定的語り”であった。そして「母親群」にも否定的言及のみで肯定的言及が含まれていない“否定的語り”が１名あった。

２．母親群と未母親群における肯定的語り・両面的語り・否定的語り

　語りがすべて肯定的カテゴリーからなるものを“肯定的語り”、肯定的カテゴリーと否定的カテゴリーの両方からなるもの、つまり否定面を言いつつ肯定面に言及するものを“両面的語り”、すべて否定的カテゴリーからなるものを“否定的語り”として、「母親群」と「未母親群」別にその人数を見てみると、“肯定的語り”は「母親群」６名、「未母親群」５名、”両面的語り”は「母親群」３名、「未母親群」３名、そして“否定的語り”は前節の最後でも述べたように「母親群」１名、「未母親群」２名であった。

　肯定的語り・両面的語り・否定的語りの割合は「母親群」「未母親群」でほぼ同じであるが、その言及内容については相違があるといえよう。

Ⅳ．結語

　30代になり、全員が看護師あるいは母親として「ケアする立場」をとっているが、「母親を対象とした語り」においては、その言及内容が母親になっ

ている場合といない場合で違いが見られた。乳幼児をもつ母親になっている場合には、母親にどう育てられたかを見直す語りが多く見られる一方、母親になっていない場合はそのような語りは見られず、現在の自分に対する母親の行動に基づく語りが多かった。

本研究は母親群、未母親群とも10名と少なかったが、今後より多くの者で検討する必要がある。

9章　成人期女性の母親認知と青年期以前の母親認知の関連、及びその規定要因（研究7）

Ⅰ．問題と目的

　青年期は「心理的離乳」の時期と言われる時期であり、親からの自立が主要な発達課題とされる。それまでの保護され依存する関係から離脱し、全面的に信頼し肯定的にとらえられていた親が脱理想化される青年期の親子関係は、葛藤と問題を孕みやすいが、心理・社会的発達が進むと共に、親子関係は対等な人間間のつながりとして再体制化されると考えられている。その発達過程については、多くの研究がなされている（例えば西平, 1990、落合・佐藤, 1996、山岸, 2000等）。

　そのように再体制化された親子関係はその後どのように変化するのだろうか。親からの自立を発達課題とする青年期と、自分が親になって子どもを養護したり、あるいは社会人になって他者に対して責任をもつ仕事をし、職種によっては他者を養護する仕事をするようになる成人期とでは、自他のとらえ方が変わり、親子関係やそのとらえ方も大きく変わると考えられる。親になることによる変化についての研究は、柔軟性や視野の広がり（柏木・若松, 1994）、ものごとのよい側面に注目し現実的に反応するようになること（氏家, 1996）等を示しているが、それらのことは自分の親の認知にも影響すると考えられる。

　成人期以降の親子関係やその認知を検討する研究として、Fisher（1981）は20～31才の女性とその母親に面接を行い、結婚や出産によって、妻役割・母親役割という新しい役割をとることが母親の再評価をもたらし、また母娘

の接触や相互の援助が増して、より親密な関係になること、娘が母親になる移行は「再定義（redifinition）と再交渉（renegotiation）」の過程であることを示している。日本でもいくつかの質問紙調査がなされており（渡邊，1997、北村・無藤，2001、井森他，2006、藤原・伊藤，2008）、娘の母親との情緒的結びつきは、青年期以降成人期まで維持されること（井森他（2006）では30代女性は、20代よりも親との安定したパートナーシップ形成が高くなっている）、娘と父親や息子と母親の場合よりも強いこと、親への依存も年齢と共に減るものの成人期にも維持されること等が報告されている。

　更に成人期女性がその母親との間に親密な関係をもっているかどうかがその女性の適応や心理的健康に関連し、その関連が独身群の方が高いことが報告されている（Barnett, Kibria, Baruch, & Pleck, 1991、北村・無藤，2001、北村，2008）。また母親が自分の母親との関係から内在化している内的作業モデルとその子どもの愛着のタイプとの関連が検討され、「愛着の世代間伝達」を示す研究も多く（van IJzendoorn, 1995等）、母親が自分の母親に対して安定した良好な認知をもつかどうかが、子どもとの関係のあり方に影響することが示されている。

　青年期後期から成人期にかけて母親との関係や認知がどのように変化するのか、またその個人差が本人の心理的健康や子どもとの関係のあり方にいかに影響するのかが示されてきているといえる。しかしその発達的変化は横断的研究によって得られたデータであることが多く、同一の集団がそのように変化したことが示されているわけではない。回顧的データから変化をとらえる研究も、同一集団の変化ではあるものの、回顧されたデータは必ずしも過去そのものではないことが指摘されている（Henry, Moffitt, Capsi, Langley, & Silva, 1994、山岸，2007（3章））。同一集団の発達傾向を見るためには縦断的な研究が必要であるが、母親認知に関する縦断的研究はまだほとんど見られない。

　更に従来の研究で検討されてきたのは全体としての変化であり、個々にど

のように変化しているかを分析しているものは少ない。個々の変化を見ることで全体の発達変化がより具体的に見えてくるし、変化を規定するものは何かの分析も可能になる。

　青年期以降の娘がその母親との関係をどう変えていくかを個別的に検討する研究として、臨床心理学やユング心理学の観点からの事例分析（例えばZweig, 1996、高石, 1997、田畑, 2002）があり、母親との関係や認知がどのような時にどのように変化するかの分析もなされている。しかし問題をもつ人の回復過程における変化が中心で、示唆は得られるものの、臨床的な問題を抱えていない一般的な人の発達的変化そのものではない。

　また実証的なデータによるものではないが、社会学や文学において文学作品等を用いた分析（例えば榊, 1997、Eliacheff & Heinich, 2002/2005、平林, 2006）がなされている。それらは主として精神分析理論やフェミニズムの観点から分析されているが、取り上げられる事例はフィクションであり、作家の優れた直観や洞察に基づいているとはいえ、実証性や一般化可能性に問題があるし、事例としてとりあげる根拠も直観的で、解釈の客観性も十分とはいえない。

　母親認知が発達や状況の変化と共にどのように変化するか、そこに働いている要因は何かを発達的な観点から検討するためには、はじめから特定の事例を取り上げるのではなく、臨床的に問題を抱えていない一般的な人に関してある程度の数のデータを縦断的に収集し、その変化や変化のなさを一定の基準に基づいてタイプ分けし、それらを個別に分析していくことが必要と考える。

　山岸（2006a）は青年期から初期成人期の女性の対人的経験の認知について、縦断的研究を行い、7章では更に縦断研究を進め成人期になった20名の女性の現在の母親認知と、青年期に収集された過去の4つの時期における認知との関連を縦断的に検討し、数量的な検討を行った。本研究では同じデータから個々人の変化を具体的に取り上げ、過去にどのような認知だった人が

110　Ⅳ部　母親認知に関する研究

どのような認知になっているかを個別に分析することにより、全体的・数量的検討では十分見えなかった変化の道筋を詳細に検討する。つまり本研究の目的は、青年期から成人期への母親認知の変化を、臨床的に問題のない者を対象とした11年間の縦断的データを用いて個別に分析することであり、青年期から成人期にかけての変化のタイプを明らかにし、その特徴や変化のタイプの違いに関連する要因について、青年期に記述された生育史や成人期の面接で得られたデータに基づいて分析を行う。そして青年期から成人期への変化の道筋がどのようであるか、またそれを規定する要因として青年期以前の母親認知やその後の要因がどう関与しているのかを明らかにする。

Ⅱ．方法

1．被調査者

　1994年からの縦断研究（山岸, 2006a 等）の被調査者の内、面接調査に応じるとした者20名を対象とした。年令は31～33才、現在の職業は看護師8名、保健師2名、助産師1名、養護教諭1名、パート職3名、専業主婦5名である。既婚者が11名、子どもがいる者8名、妊娠中2名で、居住地は関東地区が15名、遠隔地が5名である（7章と同じ）。

2．調査時期

　1回目－1994年5月　2回目－2005年8月～9月。

3．手続き

【看護短大在籍時（1994年）】生育史の記述。

【卒業後10年（2005年）】面接調査　詳細は7章参照。

4．倫理的配慮

　7章参照。

Ⅲ．結果と考察

　本研究では青年期から成人期にかけて母親認知がどのように変化するのか

の検討を行うが、変化のパターンに分けて質的分析を行うために、まず、青年期と成人期の母親認知の分類を行い、変化のパターンを抽出した。

１．母親認知の分類と変化のパターンの抽出

　成人期の母親認知に関しては、面接時に語られた母親との関係や母親に対する気持ちをカテゴリー化し、６つの肯定的カテゴリー、４つの否定的カテゴリーを抽出した。そして各個人の母親についての語り－母親に対してもつ認知や気持ち－がそれらのカテゴリーのどれに該当するかの評定を行い（cf. 7章）、その評定に基づいて次の３つのグループに分類した。肯定的カテゴリーのみの場合は「肯定的認知」、否定的カテゴリーのみの場合は「否定的認知」、両方に該当する場合は「両面的認知」である。それぞれ11名、3名、6名であった（詳しくは、7章参照）。

　青年期の母親認知に関しては、短大時代の生育史の記述から母親との関係の質を分類する山岸（2000）の評定を使用した。山岸（2000）では、アタッチメントの３つの型－「安定した愛着、愛着に関する葛藤があるアンビバレント、愛着不十分で情緒的関係を回避する回避」（Bowlby, 1973/1977）を考慮して４つのカテゴリー－A）良好な関係、B）葛藤や問題がある関係、C）稀薄な関係、N）評定不能－を設定し、生育過程の４つの時期毎に母親との関係の質を評定した。下位カテゴリーとしてBはI反発・反抗、II統制・厳しさ、III分離不安、III´愛情欲求、IV愛されていない、V回避・嫌悪、CはI情緒性稀薄、II（他の記述に比べて）記述少、III他の対象に愛着を向けるを設けた（詳細は山岸, 2000参照）。また傾向の強さに応じて弱い場合はカッコつき（(A)、(B)、(C)）、Bは特に強い場合は B とした。本研究では母親との関係の良好性の指標として、４つの分類と強さのサブ・カテゴリーを使用することとした。

　４つの時期全体を通して記述された母親との関係の質がどうであったかの指標として、４時期（乳幼児期／小学校時代／中・高校時代／高校卒業以

降）別のA、(A)、Ｂ、B、(B)、C、(C)、Nの評定を得点化し（A：2点、(A)：1点、(B)(C)N：－1点、B、C：－2点、Ｂ：－3点）、合計得点を算出して、次のように分類した。なお1時期の評定が複数の場合、及び中・高校時代の評定が異なる場合は0.5ずつとした。

　　　良好な関係－A(A)が多いもの－問題な関係があっても1時期だけであ
　　　　　　　　ったり、(B)(C)Nのように問題が弱いものである場合で、
　　　　　　　　得点が0以上。

　　弱い問題あり－得点が－6点から－1点。

　　強い問題あり－問題な時期が多く、得点が－7以下。

　良好な関係8名、やや問題あり9名、問題あり3名であった。

　なお青年期の母親認知は、生育の過程や周囲の人がどのような意味をもっていたかの記述から、母親についての語りを取りだして評定したもので、過去の各時期の母親認知や生育史全体を通じて母親との関係の質がどのようであったかを示すものであるのに対して、成人期の母親認知は、過去の母親について語るのではなく「母親はどのような人か」の問や「母親にたいする気持ちは変わったか、どう変わったか」に対する語りであり、現在母親をどのようにとらえているか（時に過去のことも含まれるが）その気持ちが中心である。

　青年期に行われた母親認知（関係の質の良好性）と成人期の母親認知（現在の認知の肯定性・否定性）の各組み合わせに該当する者の人数は表1の通り。それを図式化したのが図1である（以後青年期の3つの認知は「良好な関係」①、「弱い問題」②、「強い問題」③、成人期は「肯定的」Ⅰ、「両面的」Ⅱ、「否定的」Ⅲと記号を併記する）。

　現在母親認知が肯定的な者は生育史においても良好な関係を記述している者（Ⅰ①）が多く（11名中7名）、両面的な者は弱い問題を記述している者（Ⅱ②）が6名中4名、現在否定的な者は強い問題を記述している者（Ⅲ③）が3名中2名と多い傾向が見られた。つまり生育史と現在の語りが基本的に

表1　青年期の母親認知と成人期の母親認知

成人期＼青年期	①良好な関係	②弱い問題	③強い問題	計
Ⅰ　肯定的	7	4	0	11
Ⅱ　両面的	1	4	1	6
Ⅲ　否定的	0	1	2	3
計	8	9	3	20

図1　青年期から成人期の母親認知への変化のパターン

　連続的なものが、7－4－2名（図1の真横の線）と、全体の約2／3である。以前と連続的でない者では、「弱い問題あり」から「肯定的」になる者（Ⅰ②）が4名見られ、「良好な関係」から「否定的」になったり（Ⅲ①）、「強い問題あり」から「肯定的」になる者（Ⅰ③）は見られなかった。成人期の母親認知はそれ以前の関係性に規定されるところが大きいことが示されている。

2．グループ別の2時期の母親認知の特徴

　以下に成人期の3つのグループ別に、青年期以前の母親認知がどのようであるのかを事例を用いて個別に検討する（なお個人が特定されない形での公表の了解を得たが、特定される可能性がある場合は、語りの一部を省略したり、ぼかした表現に変えたところがある。また表2に事例の概略を記載し、

有職／無職、子どもあり／なしの情報を併記したが、妊娠中２名については、妊娠中と表記することで個人が特定されてしまう可能性があり、共に臨月だったため、子どもあり群に入れた。職種も個人が特定されてしまう場合があるため記載しなかった）。

現在の語りが肯定的なグループ（Ⅰ）

　現在の語りが肯定的である者は、生育史の記述でも全体的に良好な者（Ⅰ①）が多い（11名中７名）ので、良好な者（①）は更に以下のグループに分け、１）どの時期も一貫してよい記述をしている者（Ⅰ①）２名、２）一時的にいくらか良好でない時期もあるが全体的には良好な者（Ⅰ①′）５名、３）強くはないが問題の時期がある者（Ⅰ②）４名、の３グループとし、その概略を表２に示した（図１参照。なお図１、表１では①′は①に含まれている）。表２にはⅠ①とⅠ①′は各１名、Ⅰ②は変化が大きい者なので３名あげた。

　どの時期も一貫してよい記述をしている者（Ⅰ①）の ケースA は生育過程での関係が良好で、現在も母親の気持ちや立場を理解し感謝を語っている事例である。中学時代に「反抗できず、悩みを相談できなかった」といくらか問題を記しつつ「自由であるかわりに責任をもたされたが、寂しさや重荷を感じることもなかった」し、高校時代には「友達のような会話ができるようになった」とあり、親の対応や本人の変化により問題化することなく、どの時期も良好な関係がもたれている。そして自分が母親になり子育てする中でも形を変えつつ肯定的な気持ちが続いている。更に（表２の概略には書かなかったが）働いていた時と比較して「子育ては自分が必要とされている、自分じゃなくちゃダメというのがある」と、母親役割の肯定感や充実感も語っている。

　一時的にいくらか良好でない時期もあるが全体的には良好な者（Ⅰ①′）の５名の内 ケースB は、時期によっては問題を記述することもあるが、生

表2　各グループの事例の青年期以前と成人期の母親認知の概要

青年期（生育史）　　　母親との関係の質 　　　　　　　　　幼・小・中高・短大	成人期（面接）　子の有無・　有職・ 　　　　　　　　独身　　　無職
現在の語りが肯定的なグループⅠ	
一貫してよい記述をしていたグループⅠ①	
ケースA　　　　　　A　A　（A）/A　A	子どもあり　専業主婦
幼児期は「常にそばにいて守ってくれる重要な人」小学校時代は「学校から帰ってくると手作りのお菓子で迎えてくれる自慢の母で、誰よりも信用できて守ってくれる重要な人」と一貫してよい関係。中・高時代は「両親はほとんど干渉することなく自由に育てられ、それをありがたく感じていた」但し中学時代「いい子でいたくて親に反抗できず、悩みを相談できなかった」との記述もあるが、高校時代には「友達同士のような会話ができるようになった」短大時代は両親への尊敬と経済的精神的支えであることが記述される。	「子育てが思っていたより大変なので、母一人でやっていてたくましいと思う。感謝が大きくなった。手をとめてやってくれた母、大変だったんだろうな」と、子育てをする中で改めて母親の大変さを実感し、母親の気持ちの理解と感謝が表明されている。
一時的にいくらか良好でない時期もあったが全体的には良好なグループⅠ①′	
ケースB　　　　　（A）（A）　B　（A）	独身　有職
幼児期は、家族でいろいろな所へ行き楽しかったことや家族の暖かさ、小学校時代も共働きだが家族団らんや家族で出かけた楽しさが書かれ、また両時期とも「母親への依存心が強かった」ことが書かれている。中・高時代「自分でできることは自分でやり、間違っていない限り両親は支えてくれた」とあるが、一方で中学時代「両親の助言はとてもうるさく聞こえ、反抗していた」高校時代になると「反抗もしたが、助言を聞き入れる余裕もでてきた」短大時代「一人暮らしを始めて両親への感謝の気持ちが大きくなった」「母親を一人の女性と見て学ぶところは吸収したい」としている。	「一人暮らしをして、慣れちゃってもう親とは暮らせない」と言いながら、「いやになったことは全くない」し、あるネガティブ・イベントに出会った時やその後のつらい時期は両親の存在が大きくて、すごく助けてもらったと感じている。怒りやすい等の欠点を言いつつ、「自分の意見を言って、私の意見も取り入れてくれる」し「女性として母の考えもいい」としており、よい関係がもたれている。

116   Ⅳ部　母親認知に関する研究

強くはないが問題の時期があったグループⅠ②	
ケースC　　　　　　　B　(B)　(B)　A	子どもあり　専業主婦
幼児期は「特に母親に厳しく育てられたことを覚えている」の文章ではじまっている。「優しい時は優しいが、怒るとすごく怖く、怒られるとすぐに父親の所へ行き、気をまぎらわした」小学校時代「叱られると怖かった。お稽古事なビズル休みは一回もできなかった」と母親の厳しさの記述が目立つ。但し「両親とも可愛がってくれた」「母に色々話し、相談していた」とよい関係の自覚、心のつながりもある。中・高時代「両親と出かけることをだんだん嫌がるようになった」と関係が変わっている。短大時代は精神的支え、感謝が記述される。	子ども時代の母親の厳しさを語りながら「厳しかったけれど甘えていたと思う。色々してもらっていた」短大時代にも「感謝」が書かれていたことに驚きつつ、「感謝は前からあったのかもしれないが、更に親の気持ちがわかるようになった。あんなこと言ったけどつらかっただろうとか思う」「子どもを育てていると母はすごい人だなーと思う」「厳しくされたこと、今は感謝しているが、指示待ちになったので子どもはのびのびとさせたい」と語られる。
ケースD　　　　　　　(A)　B　B̲　N	独身　有職
幼児期はすごく楽しかった時期であり、母親に関しては「特別な関係という感じ」と書かれている。小学校時代「(手伝いをさせられる一方)家族にかまってもらえない」「兄の方を可愛がるように思える」という寂しさが書かれている。中・高時代は反抗期で、大きなケンカや言い合いをした」とある。短大時代は母親についての記述はなく、エピソードの欄は「いろいろなことがあったが、後で考えると全て自分のためになっていると思う。だから特に書く出来事はない」とある。	「あたられたり・兄と比較されたりしたけれど、中学からは理解あると思っていた。性格がきついがしっかりしていて、重要な人」「友達の母親がだめと言うこともだめと言わず、でもあなたの責任という感じで育ててくれた」「しっかりしている人で、でも性格がきつい。きちんとしていてまわりに気を遣える人」
ケースE　　　　　　　(B)　B　N　A	子どもあり　有職
幼少期、母親が大切で、他の家族もそれぞれ重要だったとはあるが、「あなたはお姉ちゃんなんだから」と言われることがいやだったと、くり返し書かれている。小学校時代にも書かれ、そのこと以外母親の記述はない（先生が肯定的に語られる）。中・高も友人と先生のこと、短大時代は離れた場所で生活する自分を支えてく	子育てが大変だが、母親が協力してくれている。「安心して預けられる。母の協力なしではやってられない。本当に心強い。なくてはならない人」（どんな母？に対して）「頼もしい。昔もそうだったのかな」但しいやなことがあった時の対処は「友人、妹、ダンナ

9章　成人期女性の母親認知と青年期以前の母親認知の関連、及びその規定要因（研究7）　　117

れる両親の存在が書かれる。	に愚痴を言う」とあり、母親は含まれていない。

現在の語りが両面的なグループⅡ

強くはないが問題の時期が複数あったグループ　Ⅱ②

ケースF　　　　　　　N　N　B　（A）	子どもあり　有職
幼児期は全欄記述なし。小学校時代、登校拒否の時両親は怒らなかったのが嬉しかったこと、その後から母親も厳しくなったことの記述（記述はあるが評定できずN）。中・高時代「親のことはあまり好きじゃない」「親は自分のやりたいことを邪魔する存在」短大時代「家族と離れることで家族の大切さがわかった」「お互いを尊重しあっていい関係」	「似ているがなりたくない。厳しかったし『邪魔する存在』というとらえ方は変わっていない。それなりに好きだったが、自分を発揮できなかった。最近は友達っぽい。よくわかってくれる。」
ケースG　　　　　　　CB　B　B/A　A	独身　有職
幼児期「私の願いをかなえてくれる人は祖母で、祖母と共にいる時がもっとも安心していた」「母は厳しく一緒にいるのがこわかった」小学校時代「祖母より母の存在が大きくなったが、勉強について干渉することが多く、子どもとして可愛がってもらえていないと思った」中学時代「反発ばかりしていて、しばしば言い争いになった」高校時代「干渉が少なくなり、穏やかな気持ちで接することができるようになった。母の生きる姿勢に共感でき、参考にしていた」短大時代「離れてかけがえのなさに気づいた」「大人として扱ってくれるように思える」	母親が祖母の介護等家族の問題に関して「介護によく耐えて世話をした」と理解・尊敬が述べられる。但しそのことに関する祖母・父・妹に関する語りが多い。自分と母に関することでは「短大時代は親に守られていると思っていたが、今は一人でやっている気になっているので、自分の生き方や仕事に意見されたりすると衝突することが多い」と語られる。

生育史では強い問題があったグループⅡ③

ケースH　　　　　　　C　C　C　N	独身　有職
幼児期「母ではなく祖母にとても甘えていて」「祖母が重要」小学校時代「自由放任で育てられ」「遊びに連れていってくれるのも祖母」で「母よりも祖母の方が好きだったかもしれない」という形でのみ、母親は登場。中・高時代「母は自分の責任で行動するよう教えてくれた」	「いろいろな話ができるようになった」「母親の立場や事情がわかり、まわりから言われていることと違うことに気づいた」「人柄はすごく好き、一人の人間として好き」「旅行に一緒に行く」としながら「でも母親としては反面教

「朝食・夕食とも一人で食べる日が増えた」短大時代は母親の記述はなく、重要な人は「お世話になった親戚の叔母・叔父」が挙げられている。	師」と述べるし、「相談はしない（相談はおばか兄にする）」と語る

生育史の記述では良好だったグループⅡ①

ケースⅠ　　　　　　　(A)　(A)　A　A	子どもあり　専業主婦
両親から可愛がられるとあるが、父親中心の書き方である。母親は「大切な存在が入園と共に『母と父』から『母・父・友達・先生』になった」に登場するのみ。小学校時代、父が大嫌いになり、高学年になると「母とのみの会話」「出かけるのも母とのみ」になる。中・高時代は「母が常に相談相手だった。母とはとても仲がよい」短大時代、両親は「大人として対等に扱ってくれる」し、「つらい時応援してくれる」となる。	「一言でいうと『普通の母親』、あまりちゃんと話をきいてくれない。聞いているのか聞いてないかわからない、他人ごとのように聞いている」と語られる。そして「いい母親なのかどうかもわからない」（小さいときから？の質問に）「そうですね」と答える。相談する気にならず、「考えてみると大事なことは相談しないですね」と言う。「でもまじめにコツコツ働いているのでその点は尊敬してます」「当たり前のことがすごいなと思う」

現在の語りが否定的なグループⅢ

生育史でも問題が顕著だったグループⅢ③

ケースJ　　　　　　　Ⓑ　Ⓑ　Ⓑ　Ⓑ	独身　有職
一貫して母親の身勝手さや過干渉が記述されている。それでも幼少期は「なくてはならない存在」だったが、中・高時代には「信用できない存在、いてもいなくてもいい存在（いない方がまし）」と記述され、短大時代は「バイトを始めて干渉されなくなり、とても楽しい」「私は絶対子どもから信頼され、話し合うような母親になりたい」とある。	現在も「母親に対する思いは全然変わっていない」と述べ、否定的な感情や評価は一貫している。今は「好きなことをしても干渉されず、いろいろやってくれる」し「寂しそうなので家にいる」と、問題や葛藤はなく、否定の言葉は和らいでいるが、否定的なままである。
ケースK　　　　　CB　B　B　C	子どもあり　有職
幼児期は「あまり覚えていない」とあり、全体的にあまり適応的ではない様子が伝わる。「父のことが好きだった」とあり、母親については「母がいないと何もできなかった」とのみ記述。	短大卒業後は、時期によって葛藤的だったり時に好転したり、評価や感情が大きく変わっている。母親が支持的である時はよいイメージをもつが、重大

小学校時代は「よき相談相手だったが、猫かわいがりはせず、突き放していた」と、仕事に夢中でかまってもらえない寂しさが記述されている。中・高時代は「兄ばかりで存在を認められていないようで嫌だった」、短大時代もある友人以外は「誰も意味をなさなくなっていた」とあり、母親への言及はない。

なことで反対されて以来関係が悪化し、「今も頭にきている」「助けてほしいと思わない」と否定的な言明のみである。

生育史では顕著な問題は見られなかったグループⅢ②

ケースL	(A)　B　B/(A)　(A)	独身　有職

幼児期「登園時離れるのが寂しくお迎えの時は急いで帰る支度をしたのを覚えている。両親は私にとって大切な存在だった」小学校時代は「厳しく育てられ、口うるさく言われ」「手伝いをさせられ、とても嫌で、さぼると怒られた」「とてもうるさい人」中学「反抗期で反論していた。全ての大人がうるさい存在だった」高校「両親は何も言わず、わがままを受け入れ理解してくれた」短大時代「浪人中何も言わず見守ってくれた。それまで励ましの言葉をあまりかけてもらってなかったので嬉しかった。離れて暮らしてありがたさがわかった」

生育史について内容的には前回と同じだが、より強い否定的な言葉が使われた。卒業後も、両親のことをよく思っておらず、「敵意はないがどう接していいかわからなかった」と語られる。常に両親という形で語られ、「母親」としては語られない。現在は親が頑張っていることを好意的に見ているとあるが、「重要な人」は「特定はできない、いろいろな人」と言って、「両親はいろいろな人としては入るけれど、特定の人といわれれば両親ではない」と答えている。

〈注〉生育史の母親との関係の質の中高の欄の(A)／A等の評定は、中学時代と高校時代の質が異なる場合で、中学時代が(A)、高校時代はAの意。

育過程での関係はほぼ良好で、現在の語りも肯定的な者である。中学時代には第二反抗期が見られているが、依存心の強かった子どもが、徐々に自立して親との関係を変えていき、成人期には経済的・社会的にすっかり自立し、しかも必要時には頼るという関係が築かれている。中学時代は「両親の助言はとてもうるさく聞こえ、反抗していた」とあるが、高校時代には「助言を聞き入れる余裕もでてきた」とあり、一時的に親と葛藤があっても、本人と親の双方が調節する中で、発達と共に修復されており、成人期には欠点も言いつつ基本的に肯定的な気持ちを向けており、よい関係を築いている。

なおケースB以外の他の4事例で記述されていた一時期の問題は、小学校時代のしつけの厳しさ、中学時代の反抗期、大学時代の自由の制限であり、発達的変化に伴って親がとる対応に対して子どもがもつネガティブな気持ち・経験である。その中には「自分のやりたいことを母が後押ししてくれた」から「後押しはもうしないけれど、話を聞いてくれる存在になった。耳を傾けてくれる。それだけで楽になる」というように、発達時期によって関係が多少変わりつつよい関係を保っていることを示すものもあった。

強くはないが問題の時期がある者（Ⅰ②）の4名の内、ケースCは比較的長期間にわたりやや問題があったが、現在は肯定的に語る事例で、生育史では小学時代まで母親の厳しいしつけとそれがつらかった思いが目立った。成人期になってもその事実や思いはそのまま残っているが、しかしそれが否定的なものでなく肯定的なものに変わっている（今は「うるさく言われたことも大切なことだった」と思う）。感謝していると言いつつ自分は違う育て方をするとしていて完全肯定ではないが、当時の母親の気持ちを理解し、尊敬もして、全体として肯定的に見ている。なおこの事例は母親の厳しい統制を書く一方、心のつながりも記述されているし、小学校時代の友達や先生への肯定的な気持ちの記述も多い。

ケースDも生育史に書かれた自分にとって否定的な出来事や気持ちはそのまま残っているが、母の大変さを理解し、またかつて強い問題を記述していた思春期の母親の自分への態度も、成人期には「自分を理解してくれ、自分で責任をもつように育ててくれた」という受け止め方をしている。現在も欠点も含めて受け入れ、自分を支えてくれ、また自分が支えていきたいと思う重要な人としている。

ケースEは兄弟への嫉妬の記述が多く、良好な関係はあまり語られなかったが、短大時代に一人暮らしをしたことで好転している。そして現在は大変な子育てを母親がサポートしてくれて「頼もしい、なくてはならない人」になり、よい関係を保っている（但し情緒的なつながりは書かれておらず、

道具的な感じもあるが、否定的な認知はない)。

現在の語りが両面的なグループ（Ⅱ）

このグループは、1）青年期から成人期への移行に連続性があり、生育史に強くはないが問題の時期が複数期あった者（Ⅱ②）4名、2）生育史では強い問題があった者（Ⅱ③）1名、3）生育史の記述では良好だった者（Ⅱ①）1名、の3つのタイプが見られた（図1参照）。強くはないが問題の時期が複数期ある者（Ⅱ②）は、現在が良好な者と対比させるために表2に2名、Ⅱ③、Ⅱ①は各1名ずつあげた。

強くはないが問題の時期が複数期あり Ⅱ②に該当する ケースF は、いやだったことに対する見方は変わっておらず、「邪魔する存在」というとらえ方はそのままである。否定的評価は変わらないままで、でも「仲はいい方で嫌いじゃない」とも語る。現在は「友達っぽい」「よくわかってくれる」と別の側面で肯定面も見つけ、一方「性格が似ていて、こういうふうになりたくないなと思う」と両面を語っている。

ケースG は幼児期はつながりが薄く、その後徐々にB（問題や葛藤がある関係）に移行し、青年期には問題や葛藤を記述していたが、母親の生き方への理解が語られるようになっていた。成人期も生き方の理解が語られているが、情緒的な気持ちや関係は語られないし、母はまだ本人が自立したと思っていないようで、意見されて衝突したりという葛藤も語られている。

現在は両面的だが生育史では強い問題があったⅡ③に該当する ケースH は、ケースFやGよりも問題が大きく、生育の過程で状況的にむずかしい時期が多かった事例だが、成人期になると以前とは違って母親の立場・事情をよく理解し、母親の人柄や一人の人間としてのよい面に気づくようになっている。しかしやはり子どもの自分にとって「よい母」ではなかったという過去は変えられない。それでも「相談はしない」としつつ、肯定もできるようになっており、問題ある親をそれなりに受容できるようになって

いると思われる。

　上の３つの事例で共通しているのは、過去の否定的なことは今も否定的にとらえているということ、でもよい面もあることに気づき、「一人の人間として」肯定していることである。自分にとっては（親としては）good ではなくても、家族の一員として（家のことに関して）評価したり、「母としては反面教師だが、一人の人間として好き」という形で、肯定的な面も見ている。

　ケースⅠは生育史の記述では良好だったが、現在の認知は両面的でⅡ①に該当する。11年前簡単な記述ではあったがよい関係と評定されたが、問題の記述はなかったものの、特によいわけではなかったのかもしれない。父との問題が顕著で母の問題は表に出ておらず、当時はそれなりの満足が読み取れた。しかし、成長し母親になって色々わかってくると、当時は気づかなかったよくない面に気づくようになったと考えられる。そして「うるさい父と配慮のない母」という認知になってきて、「普通の母」で道具的には問題はなかったが、精神的な面でサポートされていないと気づくようになったと考えられる。肯定できない面があるが、でもできる面もある。ケースＦ・Ｇ・Ｈと同様、親として good ではないと思いつつ、でも一人の人間として認めるというあり方である。

現在の語りが否定的なグループ（Ⅲ）

　このグループは３名であるが、１）生育史でも問題が顕著だった者（Ⅲ③）２名　２）以前は顕著な問題は見えなかった者（Ⅲ②）１名で（図１参照）、全員を表２にあげた。

　11年前の生育史で問題が顕著だった者２名は、どちらも現在の語りも否定的である。

　ケースＪは現在も「母親に対する思いは全然変わっていない」と述べ否定的感情や評価は一貫している。但し自立した大人同士の関係になっている

ので問題や葛藤はなく、現在の状況を客観視しているが、母親への思いは否定的なままである。

ケースK は母親が支持的である時はよいイメージをもち、関係もよかったようだが[注1]、重大なことで反対されて以来関係が悪化し、否定的な言明のみである。母との問題がこじれてしまい、母の否定的なあり方に固執している。

ケースL は以前は強い問題ではなかったが現在は否定的な者で、11年間に経験した困難な状況が彼女の母親認知をよりシビアなものにしている。その状況の中で両親のとらえ方がよりネガティブになり、困難な状況は更に厳しいものになっていき、否定的な語りになっている。但し「自分の親」としてでなく、「一人の人間」として離れて見る時には好意的になれるとも語られており、両面的に近い面も見られる。

3．変化のタイプと母親になること等との関連

　上の変化のタイプと母親になることとの関連を見るために、変化のタイプを子どもの有無別（各10名ずつ）に集計したのが、表3である。該当者が1名以下のグループを除いた4つのグループ（Ⅰ①、Ⅰ②、Ⅱ②、Ⅲ③）では両群の該当者数はほぼ同数であり、差はほとんど見られなかった。母親になって母親の気持ちがわかったという語りが多く、母親になることの影響は大きいと考えられるが、母親にならなくても同様の変化をしていることが示さ

表3　子どもの有無別の青年期の母親認知と成人期の母親認知

(子ども有り群／なし群)

成人期　青年期	①良好な関係	②弱い問題	③強い問題	計
Ⅰ　肯定的	4/3	2/2	0/0	6/5
Ⅱ　両面的	1/0	2/2	0/1	3/3
Ⅲ　否定的	0/0	0/1	1/1	1/2
計	5/3	4/5	1/2	10/10

れた。

　就労に関しては、母親である者の内5名は専業主婦、5名は仕事を継続しており、その他の10名（9名は独身、1名は既婚）も有職である。専業主婦はⅠ①が3名、Ⅰ②が1名、Ⅱ①が1名であり、ケース数が少ないが、青年期も成人期も良好・肯定的な者が多い傾向が示されている（なお本研究の被調査者においては、現在専業主婦といっても仕事に就く準備を始めていたり、時期が来たら就労する意思を明確にもっている者である）。

4．変化をもたらす要因

　「母親に対する気持ちは変わったか、何により変わったと思うか」に関する語りから、青年期から成人期への変化をもたらす要因を抽出した。それらは大きく次の2要因1）認知発達　2）状況要因にまとめられた（表4に該当数を示した）。

　1）認知要因については、成人期における母親認知の変化の背後にあるものとして、(1)一般的な知識や情報の獲得　(2)ものごとのとらえ方の変化があげられていた。(1)は例えば「子どもを育てるには厳しさが必要なことに

表4　変化をもたらす要因

	該当数	小計	計
1）認知要因			
(1)一般的な知識	6	10	
(2)ものごとのとらえ方	4		
2）状況要因			
(1)発達が関与する出来事			37
自立	8		
結婚・子育て	9	27	
(2)発達とは関係しない本人をめぐる状況変化	3		
(3)家族にかかわる問題	5		
(4)他者とのかかわりの変化	2		

気づいた」というような子どもの育ち一般に関する認知的理解や「家族とは何か」についての理解、母親をめぐる状況を理解するための情報があげられていた。(2)はものごとを1つの視点からだけでなくさまざまな視点から考えたり、今の状況だけでなく時間的・空間的な広がりをもった視点から考えられるという認知的発達である（但しこの要因は本人の語りだけでなく、語りから読み取った場合も含めた）。それが対人的認知や自己認知に影響して、子どもの視点から親として見るだけでなく、自分と同様な一人の人間として見る見方や、「母親はそれなりに頑張ったが、そうならざるをえなかった」というような各々の事情を理解した認知を可能にしたと考えられる。これはHoffman (2000/2001) の共感の発達の最高レベル「その人が置かれた状況や背景もわかった上でその生き方を理解した上での共感」と同質の対人的理解といえる。一方さまざまな視点から見ることで否定面に気づくという変化も見られた。

　2）状況要因としては、(1)発達が関与する出来事—就職による経済的・社会的自立や、結婚・子育てという形での本人をめぐる状況の変化、(2)発達とは直接関係しない本人をめぐる状況の変化、(3)家族にかかわる家庭内外の問題、(4)他者とのかかわりの変化があげられていた（なおこれらの要因、特に (2)(3)はプライバシーにかかわる問題のため、具体的記述は必要最小限にとどめた）。

　例えば (1)発達が関与する出来事として、社会人になり経済的・社会的に自立したこと（全員が一度は就職し親から経済的に自立している（現在も同居している者は3名)) が、適度に離れた関係を可能にし、また親からの庇護が不要になったことで一対一の同等の人間としての関係に変わって、それまでの認知と変わったとする者が見られた。なお一人暮らしによって親の重要性やありがたさがわかったとする者は生育史の短大時代の記述にもしばしば見られたが、社会人としてのより大きな自立が改めて感謝や重要性の認識、親の思いへの気づきをもたらしたとする者が更に多くなっている。一方自立

したのに干渉することへの不満という形でのマイナス要因にもなっている。

　結婚や妊娠、特に子育てが母親の立場や大変さに気づかせ感謝の気持ちを起こさせているケースも多い。また結婚・妊娠・子育ては、それまでとは異なって母親から助言を仰いだりする機会をもたらし、特に子育てという状況の変化が母親の援助を必要として関係を好転させているケースも見られる。ケースEの場合、子育てに支援が必要な状況になって、母親がその力を持ち、援助し援助される条件も整っていて、適切な援助が提供されるという適合的な状況が母娘関係をよくしている。一方そのことが母親の役割を考えさせ、否定的な面に気づいた者も見られた。

　(2)発達とは直接関係しない本人をめぐる状況の変化や、(3)家族にかかわる家庭内外の問題に関しては、家族全体にかかわる状況の困難性やある事柄に関する意見の対立が、もともとあった関係性の問題を大きくしてしまったり、反対に家族をめぐる困難な状況への対し方が母親を見直すきっかけになったり、本人をめぐる問題がサポートを受ける機会になって関係が改善されたり、様々な要因が複合的に関与していた。例えばケースLは、問題が大きく、家族の努力にもかかわらず好転せず問題が持続したことや、もともと関係性にいくらか問題もあったことが母親への否定的な認知を強めているし、ケースKの場合は意見の食い違いに対して相互に歩み寄ることなく、葛藤が続いているが、これまでの関係性や母親側のあり方の問題（本人の認知ではあるが）が関与していると考えられる。一方ケースGは必ずしも関係性がよいわけではないが、母親の問題への対処が適切であり、また他の家族成員の協力等の条件が整っていたこと、家族の力を越えるほど問題が持続しなかったため、娘は母親の肯定面を確認できている。ケースBとⅠ①のケース（表2にはあげられていないケース）はつらい経験に出会うが、それを母親（家族）が支える力をもち、またそれを可能にする関係性があったことから、もともとあった絆が更に深まるようになっている。つまり関係をよくするか悪化させるかは、問題の大きさ、本人及びまわりの人の問題に対する対処可能

性、対処するための条件の整備、もともとの関係性の質等によって異なることが示された。

　(4)他者とのかかわりの変化は契機として語られていたわけではないが、母親の気持ちや立場の理解に、よい友達や「心を許して話す」人ができたことが関与していると思われるケースDと、自分をありのままを出せる夫と出会い居場所をもてたことが、母親の肯定面の認知につながっていると思われるケースFが該当した。

　以上のように1)認知発達や2)状況要因が母親との関係をよくする方向に働いたり、時には母親をネガティブに認知する方向に働いていることが示された。認知発達と状況要因は、認知発達が状況の変化に伴って生じたり、本人の認知が変わることが関係をよくして相互作用の質を更にスムースにしたり、関連しあっていると考えられる。また状況要因の影響についても、プラスの状況要因の影響を受けて好転するケース、マイナスの状況要因の影響を受けてしまうケースと、それにうまく対処するケース等様々であり、どのように影響するかは状況要因の強さやそれまでの関係性、他の要因との適合性によって異なることが示された。

Ⅳ. 討論

　青年期から成人期にかけての母親認知の変化を、青年期までの良好性や問題性の観点と、成人期の認知の肯定性－否定性の観点からパターンに分け、各パターンについて事例を示しながらその特徴について分析を行い、またそこに関与している要因について考察を行った。その結果明らかになったことをまとめると以下の通りである。

　変化のパターンとしては、生育史において良好な関係を記述している者は現在肯定的な母親認知をし、弱い問題を記述している者は現在は両面的なとらえ方、強い問題を記述している者は否定的な認知をするというパターンが多く、2/3の者が青年期の生育史を引き継ぐ認知をしていることが示され

た。

　全体的には成人期の母親認知は肯定的・両面的である場合が多く、青年期にいくらか問題を感じていた者も、成人期には肯定的な面を語る場合が多いが、問題ある側面のとらえ方の変化には２種類が見られた。以前否定的だったことを肯定的にとらえ直す者と、ネガティブな認知はそのままだが、肯定的な面も見いだすタイプである。

　一方否定的なままのケースも少ないが見られるし、肯定化とは反対により否定的な認知になったり、成人期になってそれまで気づかなかった否定面に気づくという者も１名ずつ見られた。

　変化を規定する要因としては、青年期から成人期におこる認知発達と状況要因があげられた。成人期になってものごとを１つの視点からだけでなくさまざまな視点から考えられるようになったり、対人的・社会的知識が増えることが、母親認知の変化に寄与し、また状況要因―(1)発達が関与する出来事―就職による経済的・社会的自立や結婚、子育てという形での状況の変化、(2)発達とは直接関係しない本人をめぐる状況の変化、(3)家族にかかわる家庭内外の問題、(4)他者とのかかわりの変化―が、母親との関係をよくする方向に働いたり、時には母親をネガティブに認知する方向に働くことが示された。

　以上のことを踏まえて生育の過程で母親とよい関係をもった人と問題があった人の成人期に至る発達の筋道をまとめると次のようである。

　発達はエリクソンが指摘しているように（Erikson, 1959/1973）、それまでの生き方が通用しなくなり、新しい生き方をみつける必要に迫られるという意味で危機的であり、母親との関係においても発達と共に基本的に問題や葛藤が生じる。ケースＡやケースＢは思春期発達等の節目でも特に問題がおこらなかったり、一時期悪くても修復されている。但しケースＡでも問題が全くおこらなかったわけではなく、本人と母親双方が発達的変化に合わせて微修正しながら関係を保っていると考えられる。その結果、発達時期によっ

て関係が多少変わりつつどの時期にも一貫して良好な関係がもたれ、あるいは一時期関係が悪くなっても修復されると考えられる。そして母親とのよい関係が子どもとのよい関係につながるという内的作業モデルの仮説に合う語りも見られた。

またケースＣやＤのように発達上の葛藤やしつけ方の問題がある程度大きかったり、家族関係の問題等特定の状況が関係を悪化させるように働いても、発達と共に母親の状況を理解できるようになると、以前に書いた事実はそのまま保持しながら肯定的なとらえ方になったり、ケースＥのように状況要因が母娘関係をよくするように作用することで肯定的認知になることも示された。

ケースＣ、Ｄ、Ｅよりも親の問題性を感じているケースＦ、Ｇ、Ｈも、親として good ではないという認知は変わらないが、一人の人間として認めるようになっている。この群は幼少期が良好でない場合が多く、その後好転しても、距離を置いて見る傾向があり、そのような生育の過程が成人期の両面を見る傾向につながるように思われる。但し認知発達や状況要因の変化がより大きくなれば肯定化になるのかもしれない。

生育史において大きな問題があった場合（ケースＪ、Ｋ）は、成人期になっても好転していなかった。但しケースＪも青年期のように問題に巻き込まれてしまうのではなく、問題から離れ客観的に現在の状況を見ているし、経済的・社会的自立により状況も変わっているが、生育過程での問題が大きかったため、見方を変えるまでにはなっていない。ケースＫも状況によっては肯定的になることもあったが、その認知は不安定で、状況の変化によって振り回されているといえる。問題が強い場合は、認知的発達や状況変化もそれを凌ぐだけの強さや確かさが必要なことが示されている。一方ケースＬは、生育史上の問題が大きくなくても、状況的に大きな問題に出会ってしまうと、関係が否定的になってしまうことを示唆している。

成人期の母親認知は、まず生育過程で母親との関係をどうとらえていたか

が重要であり、問題の大きさとその後の認知発達や状況的要因が変化のあり方に影響すると考えられる。それまでも母娘双方の調整を超えるような発達上の大きな変化や状況要因が働くことで問題は顕在化してきたわけだが、顕在化した問題もその後の発達的・状況要因によって、どう認知されるかは変わる。とらえ直せるような問題は肯定的にとらえ直され、とらえ直せないような問題は否定的なままで他の側面で肯定面を認知するようになり、また受け入れられず、消化できない問題は、受け入れられないまま否定的な認知が続くことが示された。そして生育史上の問題だけではなく、各時期に出会う状況要因がどのようであるか、その問題の大きさによっても規定されることが示された。

　なお母親のもつ問題性に関して、田畑（2002）は「母親の健全な面が大きい場合は本人の認知が変わるが、問題が大きいとイメージレベルでの変容や他の母性による変容が必要になる」とし、榊（1997）も倉橋論で「母娘の相克がやがて母との和解をもたらすが、母にその力がない時は他の女性を求める」としている。本研究でも問題が大きいと思われる2例は母親への認知は肯定化せず、（表2では示さなかったが）母性的なかかわりをもってくれる年長者に信頼を寄せていることが語られていた。現段階ではまだ母親を受け入れられない者が更に時間がたつとどうなるのか、発達的状況的要因が働くことにより変化するのかどうか、検討が待たれる。

　なお親になることによる変化が指摘され（例えば柏木・若松, 1994、氏家, 1996）、8章でも母親になった被調査者は自分が母親にどう育てられたかを見直した語りが多かったし、本研究でも母親になって母親の気持ちがわかったという語りが多いという違いが見られた。しかし母親認知の変化のパターンにおいては、母親群と子なし群で差はほとんど見られなかった。成人期女性というと母親になることが中心的な問題として取り扱われることが多いが、母親になることは変化のパターンそのものの規定要因ではなく、成人としての生活経験を積むことの重要性が示されたといえる[注2]。

また成人期の女性は母親からの援助をかなり受けていることが示された。実質的にも情緒的にも母親からのサポートを感じている者が多く、母親になった者もならないで仕事を続けている者も、夫や友人・恋人と同時に母親にも支えられている場合が多いといえる。現在は中高年女性に余力がある時代で（まだ健康であり、少子化で子育ても終わり、豊かな時代で生活にも余裕がある）、また子育て支援をする等で娘との関係をよくする状況要因も働きやすく、母親からのサポートを増やしていると考えられる。一方本研究では顕在化している者はほとんど見られなかったが[注3]、母の支配（藤原・伊藤, 2008、斉藤, 2008）が続きやすい状況ともいえる。

　本研究では成人期の女性の母親認知が母親との過去の関係の影響を受ける一方、現在の発達的状況的要因の影響も受けることを縦断的データで示したが、夫・子どもとの現在の関係等についての分析はほとんどできなかった。今後それらについてもより詳しいデータを得て、母親認知が何によってどのように変化していくかを更に検討していくことが必要である。

　本研究の被調査者は看護職の者、あるいはかつてそうであった者がほとんどであり、母集団に偏りがあるが、青年期・成人期の経験に一定程度の共通性があることは、異なったタイプになることについての要因分析としては適切だったと考える。但し変化そのものについては、他の母集団に関しても検討する必要がある。

注

〈1〉なお20名中11名は2001年に1994年と同様の生育史を書いてもらっている（山岸, 2005）が、ケースKはその時点では関係が好転していた。

〈2〉中国系アメリカ人女性によるUSAでのベストセラー『ジョイ・ラック・クラブ』（Tan, A., 1989/1992）は4組の中国系移民の母娘の葛藤と和解の物語だが、30代の娘4名中3名は子どもがいない女性である。

〈3〉2001年に記述された生育史（山岸, 2005）では母親からの支配について書いていた者（当時は独身・有職）が、今回（子どもあり・専業主婦）はそのことについて

132 Ⅳ部　母親認知に関する研究

「子育てとはそういうもの」と母親への理解を語るようになっていた。

10章　成人期女性の母親との関係
―縦断的データによる30代前半と後半の比較―
（研究8）

Ⅰ．問題と目的

　7～9章で述べた様に、1994年に看護学生だった卒業生に2005年に質問紙調査と面接調査を行い、母親認知について分析してきたが、2005年には30代前半だった被調査者に、その6年後の2011年にほぼ同じ調査を30代後半になった成人女性に行う。30代後半では、社会人・職業人としての経験が更に増加し、継続している者は中堅になり責任も重くなってきているし、またパート職になったり、あるいは職場を去って専業主婦になり子育て真最中の者も多いと思われる。30代前半と比べると、職業人としてのキャリアを積み、子どもも更に成長し、それに伴って子ども本人や夫・母親をはじめとする周りの人との関係が変わることが予想される。本研究では母親との関係を取り上げ、30代前半と30代後半では母親のとらえ方や母親との関係がどのように変わるのかについて、縦断的なデータによって検討する。

Ⅱ．方法

1．被調査者

　1994年看護系短大3年時に生育史を書いた97名の内、連絡がとれる者に調査依頼を行った。質問紙調査に回答した者の内、同意を得られ時間調整ができた者に面接調査を実施した。

　【2005年】20名。年齢31～33才。看護師8名、保健師2名、助産師1名、養護教諭1名、パート職3名、専業主婦5名。既婚者が11名、子どもがいる

者 8 名、妊娠中 2 名である。

【2011年】19名。年齢37〜39才。看護師 9 名、保健師 4 名、看護教員 1 名、養護教諭 1 名、パート職 3 名、専業主婦 1 名。既婚者が12名（内 1 名は離婚）、子どもがいる者11名、未婚者 7 名（内 2 名は婚約中）である。なお 2 つの時期共に被調査者であった者11名、2005年のみの者 9 名、2011年のみの者 8 名である。

2．調査時期と手続き

【2005年】—面接調査（ 3 章、 7 章等と同じ）。

【2011年】—面接調査（詳細は15章）。

3．倫理的配慮

6 章参照（但し2005年と2011年）。

Ⅲ．結果

1．母親との関係の評定

面接プロトコルの内、母親について語られているところを取り出し分類を行った。2005年のデータを分析した評定カテゴリー（cf. 7 章）を参考に、2011年のデータの分類を行った。

2005年の30代前半時の評定のカテゴリー（cf. 表 1　A. 母親に対する認知の①感謝　②気持ち・立場の理解、③尊敬・評価と、B. 母親と自分の関係に関する認知の④親密な関係　⑤精神的支え　⑥実質的支え）はそのまま見られたが、その他に30代前半にはなかったものとして、 a . 母親が年を取ったり体が弱ってきたことを心配しいたわる気持ち、 b . 母親の老化を見て絶対的な存在から自分と同じと感じるようになった、やがて死ぬのだという認知、 c . ケアの逆転の表明が見られた。 a . はA. 母親に対する認知、 b . と c . はB母親と自分の関係に関する認知であると考えられるので、A、Bにつけ加えた（ b . の「やがて死ぬのだ」という認知はAとも考えられるが、 1 名のみなのでBに入れることとした）。

２．30代前半と後半の母親との関係の比較

　30代前半と後半の該当者は表１の通りである（左側は肯定的語り、右側は否定的語りである）。肯定的な認知に関しては、30代前半で多かった①感謝②気持ち・立場の理解、③尊敬・評価が減少していた（各７名→４名）。また母親から支えられているという認知（④⑤）も減っていた（特に精神的支えは５名→１名）。否定的な認知に関しては、30代後半になると母親に対する批判（－③）が多くなっていた（３名→７名）。内容的には2005年と同様、子育てをしたり自分が成長する中で否定面に気づいたという者の他に、母親と父親との関係を見て、あるいは姑を見て批判的に思うようになったと述べる者が延べ４名、２名見られた。

３．母親群と未母親群の比較

　母親群と未母親群に分けた結果を見ると、①②③の減少は母親群で見られ、特に②に関しては母親群は５名から１名に減る一方、未母親群は増えて（１名→３名）30代後半では母親群よりも多くなっていた。母親に対する批判は両時期とも母親群のみであるが、2011年にはその数値が上昇し、11名中７名が述べている。また母親との関係が親密ではないという表明は全体的には変わらないが、2005年は未母親群で多かったのに対し、2011年では母親群が多くなっていた。一方未母親群においてもＢ母親と自分の関係に関する認知は肯定的なものは計11名から２名に減少し、その否定的な認知もいくらか減っていた（計８名→２名）。

Ⅳ．考察

　７章から９章で行った調査から更に６年が経った2011年にも同様の調査を行い、2005年（30才前半）と2011年（30才後半）の母親認知を比較し、合わせて母親群と未母親群の違いの検討も行った。

　30代前半時の評定のカテゴリーはそのまま見られたが、30代前半にはなか

表1　30代前半と後半、母親群と未母親群別の母親との関係

肯定的語り

カテゴリー	30代前半	30代後半	30代前半 母	30代前半 未	30代後半 母	30代後半 未
A. 母親に対する認知						
①感謝の気持ち	7	4	4	3	2	2
②気持ち・立場の理解	7	4	5	1	1	3
③尊敬・評価	7	4	5	1	3	1
a. 心配・いたわり	0	6	0	0	3	3
B. 母親と自分の関係に関する認知						
④親密な関係	5	2	1	4	1	1
⑤精神的支え	5	1	1	4	1	0
⑥実質的支え	5	4	2	3	3	1
b. 母親の老化→自分と同じ	0	3	0	0	1	2
c. ケアの逆転	0	2	0	0	1	1
計	36	30	18	17	16	14

否定的語り

カテゴリー	30代前半	30代後半	30代前半 母	30代前半 未	30代後半 母	30代後半 未
A. 母親に対する認知						
－③	3	7	3	0	7	0
B. 母親と自分の関係に関する認知						
－④	4	5	1	3	4	1
－⑤	4	2	2	2	1	1
－⑥	2	0	0	2	0	0
－ c	0	1	0	0	0	1
計	13	15	6	7	12	3

〈注〉母：母親群　未：未母親群

ったものとして、a.母親が年を取ったり体が弱ってきたことを心配しいた
わる気持ち、b.母親の老化を見て絶対的な存在から自分と同じと感じるよ
うになった、やがて死ぬのだという認知、c.ケアの逆転の表明が見られた。
いずれも母親が弱ってきたことと関連するカテゴリーであり、30代後半にな
ると母親の老化を感じるようになると思われる。

　30代後半になると肯定的な認知は30代前半の時よりも減り、否定的な認知
は増えていた。母親に対する批判は両時期とも母親群のみであるが、2011年
にはその数値が上昇し、また母親との関係が親密ではないという表明も母親
群の方が多くなっていた。30代後半になり子育て経験が増え、子どももある
程度成長してくると、子どもを育てたという意味での母親への肯定的認知が
下がったり、色々なことが見えてきて批判的になったり、人によってはうる
ささを感じたりして親密ではなくなったりしていると考えられる。一方未母
親群においても母親から支えられているという認知（④⑤）が減少し、その
マイナスの認知もいくらか減っており、30代後半には全体的に、母親との関
係性が弱くなる傾向が示唆された。

　なお②母親の気持ちの理解は母親群では30代前半が多く、30代後半で減る
のに対し、未母親群は30代後半で増えて、30代後半では母親群よりも多くな
っていた。未母親群は子育てをする中で気づく母親群よりも、母親の気持ち
に気づき理解するのが遅れるのだと思われる。

11章　生育過程における母親との関係の問題は
成人期まで続くのか
―問題があった5事例の17年後―
（研究9）

I．問題と目的

　子ども時代の母親との関係のあり方は成人になった後も基本的に続くのだろうか。「我が母を語る」というような回想の特集が組まれて、思いの一貫性が語られたり、あるいは大人になって親のありがたさがわかるようになったというような文章を読むことも多い。心理学でも、双方の発達や様々な状況の変化によって関係が変化することが実証的に示されたり（坂上, 2002）、臨床心理学でケース・スタディとして検討されることは多いが、どのような要因がどう影響するのかを長期にわたって縦断的に検討した研究はほとんどないと思われる。

　筆者は看護短大の卒業生を対象にした縦断的研究を行ってきたが、母親との関係に関して1994年と2005年のデータに基づいて、7章では11年前の生育史の記述と成人期の語りは似ている場合が多いことを示し、更に9章では2/3の者の成人期の母親認知は青年期の認知を引き継ぐものであること、全体的には認知が肯定化し、肯定的とらえ直しや、否定面と共に肯定面も見出すような変化が見られることを示し、更に青年期から成人期にかけての母親認知の変化を、青年期までの良好性－問題性の観点と、成人期の認知の肯定性－否定性の観点からパターンに分け、各パターンについて事例を示しながらその特徴について分析を行った。変化のパターンとしては、生育史において良好な関係を記述している者は現在肯定的な母親認知をし、弱い問題を

140 Ⅳ部 母親認知に関する研究

記述している者は現在は両面的なとらえ方、強い問題を記述している者は否定的な認知をするというパターンが多いことが示された。

それらの研究は11年後であったが、更に年月が経つと母親認知はどう変化するのだろうか。前述のように「全体的には認知が肯定化し、肯定的とらえ直しや、否定面と共に肯定面も見出すような変化が見られた」ことを考えると、問題があった場合でも肯定化する可能性が考えられる。9章で母親認知の変化に関与している要因として、青年期から成人期におこる認知発達と状況要因があげられた。状況要因としては1）発達が関与する出来事―就職による経済的・社会的自立や結婚、子育てという形での状況の変化、2）発達とは直接関係しない本人をめぐる状況の変化、3）家族にかかわる家庭内外の問題、4）他者とのかかわりの変化があげられた。

前回の調査から6年が経った2011年にも調査を行ったが、被調査者が更に人生を歩み成人期の経験を積む中で、母親との関係は変わったのだろうか。前回の調査では、問題が大きくて「受入れられず消化できない問題は、受入れられないまま否定的な認知が続く」ことが示されたが、ものごとの理解の仕方が更に深まり母親の状況や立場をそれまでとは異なった視点から理解できるようになったり、上記のような状況の変化が起こることで、母親認知が変わることはないのだろうか。本章では青年期に記述された生育史において母親との関係に大きな問題が見られた事例が、成人期―17年後に母親とどのような関係をもっているのかの検討を行う。

Ⅱ．方法

1．被調査者

看護短大の卒業生―1994年看護短大3年時に生育史を書き、2011年（37～39才時）に面接調査に応じた者19名の内の5名。5名とも看護系の常勤職、3名は未婚。

２．調査時期と手続き

【1994年】生育史－乳幼児期／小学生時代／中・高校時代／高校卒業以降の４つの時期別に、１）どのような時期だったか、２）どのようなことがあったか、３）まわりの人はどのような意味をもっていたかについて自由に記述してもらった。

【2011年】面接－卒業後から現在までどのようなことがあり、どう生きてきたか、重要だったこと、子育てや仕事の意味、自分は変ったか、親に対する気持ちは変ったか等についての半構成的面接（40分～１時間）。本章では母親はどのような人か、母親に対する現在の気持ち、以前と変わったか、どうは変わったか、何によって変わったと思うかについての語りを使用する。

生育史・面接とも詳細は９章、参照。

３．倫理的配慮

６章参照（但し1991年の記載を1994年、2010年を2011年の記載とした）。

Ⅲ．結果

１．母親との関係に問題が見られた事例の抽出

山岸（2000）で行った母親との関係についての評定によって、問題が見られた事例を抽出した。山岸（2000）では４つの時期毎に、以下の評定カテゴリーにより評定を行った。母親と情緒的なつながりがあり、安定した良好な関係にある場合を「Ａ」、母親との関係に問題や葛藤があることを述べている場合（安定した愛着関係を望みながら不満を感じている場合と、愛着関係の意味を認めない場合を含む）を「Ｂ」、Ｂの中で表明されている問題や葛藤が特に顕著な関係を「Ｂ」として、ＢとＢは内容に応じて６つの下位カテゴリーを設けた（評定のカテゴリーは表１の通り。評定例は山岸（2000）にある）。また本人は問題や葛藤を感じているとは限らないが、母親との関係の稀薄性や非情緒性が感じられたり、母親の記述がほとんどないなど、母親との関係性が稀薄であるものを「Ｃ」とし、３つの下位カテゴリー

142　Ⅳ部　母親認知に関する研究

表1　母親との関係の評定のカテゴリー

(cf. 山岸, 2000)

A　安定した良好な関係 　各時期に応じた安定した愛着関係をもち、安定のベースを提供されたと感じている （A）準 A 　1）A 程明確ではないが、問題や葛藤はみられない 　2）A だが副評定として B がつくようなもの
B　問題や葛藤がある関係 （B）準 B 　1）問題があるが B 程明確でなく緩やかなもの 　2）副評定として A がつくようなもの 　3）当時は問題を感じていたが、現在はそう思わない 　Ｂ　強い B 　　問題や葛藤が特に顕著な関係 　Ⅰ　反発、反抗 　Ⅱ　親の統制、コントロールが強い、厳しい 　Ⅲ　分離不安、しがみつき 　Ⅲ´　愛情欲求（そばにいてほしい、寂しい、構ってほしい） 　Ⅳ　愛されていない、拒否されている 　Ⅴ　回避、嫌悪、意味を認めない 　Ⅵ　放任
C　関係性が稀薄 （C）準 C 　Ⅰ　関係性が少ない（記述はあるが情緒性が少） 　Ⅱ　母親に関する記述が少ない（他の記述はある） 　　（全体的に記述が少なく評定できない場合は N） 　Ⅲ　他の対象に愛着を向ける 　　（但しⅡⅢは幼・小のみ。中学以降は特に問題とはいえないため、カウントしない） 　N　評定不能 　　上記のどれにも該当しない、記述が少ない等により評定できない

（cf. 表 1 ）を設けた。なお B の傾向が特に強い場合は B としたが、 A、 B、 C に関して傾向が弱い場合はカッコつきとした。上記のどれにもあてはまらず評定できないものは「N」とした（ 2 つ以上の傾向がある場合は副分類をつけたが、本研究では主分類だけを扱う）。

　 7 章では母親との関係を A や(A)から N までを得点化して 4 時期の合計点から「良好」「弱い問題あり」「強い問題あり」に分類したが、本研究では一時的にしろ母親との関係に顕著で決定的な問題が見られたものとして、問題・葛藤が特に顕著である B があった者、及び B はないが安定した関係 A や(A)をもった時期が 1 つもなかった者を「生育過程で母親との関係に問題があった事例」として取り上げることとした。前者が 4 名、後者が 1 名であった。 5 名の生育過程－ 4 時期の母親との関係は表 2 の通りである（なお 9 章で「強い問題あり」に分類された 3 名の内 2 名は上のケース A、 E であるが、もう 1 名は今回の面接調査には参加していない。ケース C は「弱い問題あり」に分類され、ケース B と D は前回の面接には参加していない）。

2．母親との関係に問題が見られた 5 事例の面接での語り

　 5 ケースの成人期の面接における母親についての語りの概要は以下の通りである（一部以前の調査での情報も含む）。

ケース A

　幼少期から虐待的対応をされたことが今までの 4 回の調査時に一貫して語られ、否定的な思いを持ち続けていた。しかし経済的・社会的に自立すると共に、問題や葛藤は和らぎ、否定の言葉も緩やかになっていたが、母親に対する感情や評価は、前回（2005）も否定的なままであった。

　それが今回は、必要な時に介助をしてもらったことで感謝の気持ちをもち、関係が好転化し、脚が悪くなった母親と一緒にでかけたり、父親のことで愚痴を言い合ったりする関係になっている。以前の母親の印象は「過干渉」とのことだが、ひどい対応も「仕事のストレスだった」「母も子どもを育てる

のに必死だったんだと思う」と解釈するようになる。将来は「父は施設に入れる」が、「母は病気になったら、面倒をみたい」と語る。

ケースB

母親は仕事で忙しく、また手がかからない子であったこともあり放任されて育ち、情緒的な関係は語られず、高校時代は頑なにコミュニケーションを拒否し、姉を介してコミュニケーションをとるような関係だった。性格が自分と反対だし、言ってもわからない人と思っていて、嫌悪感をもっていたが、今は「優しい人だと思う」と語る。心配性の母が心配するようなことをしたりしてきた（頭ごなしに反対されるだろうから、ぎりぎりまで言わずにやってしまうというように）が、今は心配性の母を気遣い、母親を安心させたいと思うと語る。

ケースC

幼少期は「特別な関係」だったが、母親はとても厳しく（「今なら虐待と言われかねないと思う」）、それに対して愛されていないという思いや反発心をもっていた。特に高校時代は激しく反発し諍いもあった。長ずるに従い、母親が置かれていた状況や苦労を理解できるようになり、過去のことも肯定的に受けとめられるようになっている。成人期にはよい関係になり、「自分を支えてくれ、自分も支えていきたい重要な人」と語られるようになっていた。しかし今回は、自分が歩み出した道を母親のために断念せざるをえない事態になり、複雑な思いをもっている。また母親が弱ってきて、様々なことが自分に任せられてしまったことを嘆く。

ケースD

母親が家をでていくことを恐れながら子ども時代を過ごす。母を慕う気持ちを強くもっていたが、発達と共に子どもの意思を尊重し自由にさせてくれたという評価をもつようになる。しかし自分が子育てをする内に、最近は放任だったのかもしれないと思うようになった。母を慕い、父に否定的な思いをもっていたが、父親の立場や気持ちがわかるようになり、両親のとらえ方

11章　生育過程における母親との関係の問題は成人期まで続くのか　145

が変わったと語る。また自分の子どもに対する思いにも、寂しく不安だった自分の幼少期の経験の影響が窺える。

ケースE

生育過程で可愛がってもらえないという思いをもっていた（多忙で話をあまり聞いてくれない一方、おやつは手作り、凝ったお弁当というように、自分が求めるものと与えられるものがずれている感じが語られていた）。初期成人期に家を離れた時は母親の優しさを感じ、一時関係がよくなったが、その後重大なことに反対されて以来、関係が悪化し、その状態が続いている。しかし孫が可愛くてよく遊びに来る母親は、こちらの都合を考えずに来るし、頼んだこととは違うようにされてしまう。母親のことは「好きではない」と言い、できるだけ頼まないようにしているが、自分と母親との関係が悪くても子どもにとっては「祖母」なのだから、子どもの前では嫌いとは言わないようにしていると語る。

3．IWM 得点の変化

今までの章と同様の手順でIWM得点を算出し、1994年時（青年期）と2011年時（成人期）のIWM得点を表2に示した。

ケースAとEは5回の調査全てに応じているが、IWM得点は両ケースとも青年期、成人期ともに低かった。ケースAは5回とも不安定型の得点であ

表2　5ケースの4つの時期の母親との関係

	幼	小	中・高	短大	山岸（2000）でのケース番号	IWM 1994 '96　2001 '05 '11				
ケースA	Ⓑ4	Ⓑ4	Ⓑ5	Ⓑ	③	−7	（−3、	−11、	−8）	−9
ケースB	C1	C1	Ⓑ5	B	④	−22				−3
ケースC	(A)	B4	Ⓑ1	N	⑦	8	（13、	12、	7）	12
ケースD	Ⓑ3	B3	B3	N	⑩	−1				4
ケースE	C2	B4	B4	C2		−7	（1、	−3、	0）	−10

り、今回母親認知は大きく変化させているが、IWM得点に変化は見られなかった（「ネガティブに考えることは変わっていない」と述べ、また他者に対する回避的傾向も持ち続けていることが窺えた）。ケースEは青年期、成人期は不安定型であるが、中間の3時期はいくらか得点が高くなっており、今回は得点を下げていた。

ケースAは母親認知が好転したが、IWMの変化はなかった一方、母親認知が同様に好転したケースBは青年期は非常に低かったIWM（99名中2番目の低得点）が、成人期には大きく上昇している。安定型になったわけではなく、不安定な傾向は見られるが、以前と比べるとその傾向は減少している（但し母親との関係の変化と同様、特にそのきっかけについての語りはなかった）。

ケースCとDは両時期とも不安定型ではなく、ケースCのIWMは2時期とも比較的安定している方である（中間の3時期も同様であった）。母親認知には変化がみられたが、IWM得点に関してはそれに即した変化は見られていない。

Ⅳ．考察

生育過程で母親との関係に顕著な問題が見られた5事例を分析したところ、2事例―ケースAとBは母親との関係が好転し、肯定的な関係になっていた。Aは自分の身体が不自由な時に母親に介助してもらったことがきっかけの様だが（就職した頃から母親の対応がいくらか変わったことは以前から語られていた）、それまでの強烈な否定の言葉が全く消え去っている。過去の母親の対応を自分なりに解釈し直し、「仕方がなかった」と簡単に述べるだけになっている。「過去のことはもういいという感じか」という問いには、「そういう風には思っていないが、過去のことを思い出すことはない」と答えている。Bの好転は特にきっかけはなく、母親の対応が変わったわけでもないが、現在の母親をそのまま受入れ気遣っている。どちらも、母親の元で否定的な

思いをもって育ってきたが、弱ってきた母親に対してやさしい思いを向けている。

CとEは一端好転化したが、その後の状況によって問題が生じている。

Cは前回、前々回と母親への理解が語られたが、思いがけないことがおこり、込み入った複雑な状況の中で困惑し、母親への肯定度を下げている。よい関係が続くような状況や、多少の問題はあってもなんとか受入れられる状況であれば、よい関係でいられたのだろうが、今回の問題は彼女にとって簡単に受入れられる問題ではなかったのだろう。7章で「受入れられず消化できない問題は、受入れられないまま否定的な認知が続く」と述べたが、よい関係であっても「受入れられず消化できない問題」が起これば、消化できるまでは問題が続くと思われる。但し何を「受入れられず消化できない問題」ととらえるかに、以前の関係性が関連し、少しのことで「受入れられない」と思うのか、大きな問題でも受容できてしまうのかが異なってくると思われる。

Eも初期成人期に一端好転化したが、「受入れられず消化できない問題」がその後生じてしまった。そして孫との関係はよいという好都合な状況はあっても、否定的な認知が続いている。そして生育過程で感じていた母親がこちらの気持ちを考えずに行動するという思いを、現在の行動にも感じるというように、以前の問題を再度別の観点から否定的なものとして語っていた。母親側の問題もあるのだろうが、問題を消化するのはなかなかむずかしいようである。

Dは詳しくは述べないが、母親との関係そのものは発達と共に変化していっているが、生育過程での母親との関係が父親の認知や自分の子どもへの思いに影響していることが窺える。

IWM得点の変化に関しては、母親との関係の変化との関連は特にみられなかった。IWMは基本的に母親との関係に基づいて作られ、その後も大きな影響を与えると考えられるが、成人期になると問題があった母親との関係

は比較的変化するのに対し、母親との関係に由来するIWMは連動して変化しないことが示された（9章で示されたように、IWMの変化をもたらすのは、配偶者を中心とした新たな出会いと考えられる。ケースEの2005年の得点にも配偶者とその親の影響がある可能性が考えられる）。

　全体としては、母親との関係にかなり問題があっても修復可能なことが示されたといえる。7章でも述べた様に、本人のものの見方の変化や母親自身の変化、そして好都合な状況（例えば、母親からの介助が必要な事態）が起ると好転化していた。一方反対に不都合な状況が起こることによって悪化する場合も見られた。

　母と娘の関係はむずかしいとする論説も多いが（Eliacheff & Heinich, 2002/2005、信田, 2008、斉藤, 2014）、大人になると似た立場になり、親子ゆえの類似性や共通性もあるため、双方が相手に合わせようとする気持ちをもっていれば、よい関係にもなりやすいと思われる。特に他に親しみを向ける者が少ない場合には（A、B、Cともその傾向が見られる）、母親と娘の間によい関係が作られやすいと考えられる。前著8章でも、不安定なIWMをもち、親しい友人関係もあまりないケースは母親に親密性を向ける傾向が示されている。但し関係を悪くするような状況に置かれたり、双方が相手に合わせようとする気持ちをもたない場合は関係は改善されず、そうなると親子ゆえの類似性や共通性があることが更に問題を大きくすることもあると考えられる（近年そのような母娘の葛藤を取り上げる小説も多い。佐野洋子『シズコさん』2008、村山由佳『放蕩記』2011、水村美苗『新聞小説　母の遺産』2012、鹿島田真希『冥土めぐり』2012等[注1]）。

　今回は37〜39才での調査であったが、母親が弱ってきていることへの気遣いと、将来の介護のことも視野に入れた語りが見られた。介護においては「受入れられず消化できない問題」に出会うことも多いと思われるが、彼女たち、あるいはよい親子関係を築いてきた成人女性の母親認知が更にどのよ

うに変化していくのか検討していくことが望まれる。

　個人が特定されてしまう情報が含まれているため詳しく述べられないことも多く、何が語られたのかを具体的に示すことができない部分もあり、論文としては不十分であるが、問題があった5事例の17年後の一端を示すことができた。顕著な問題があっても好転化したケースもあれば、折角好転化してもその後の状況によってまた悪化してしまうケースも見られた。今後更にどのような要因によってどのようになっていくかの検討が望まれる。

注
〈1〉佐野洋子『シズコさん』新潮社，2008．／村上由佳『放蕩記』集英社，2011．／
　　水村美苗『新聞小説　母の遺産』中央公論新社，2012．／鹿島田真希『冥土めぐり』
　　河出書房新社，2012．

Ⅴ部　成人期の適応に影響する青年期・成人期の対人的要因

12章　青年期に記述された生育過程の良好さと成人期の適応との関連
─19年後の縦断的データに基づく質的検討─
（研究10）

Ⅰ．問題と目的

　幼少期やその後の生育の過程での経験が後の発達にどの位影響するのかの検討は、生涯発達心理学に課せられた大きな課題である。Freud は幼児期決定論を唱えたが、人間の場合は高度の発達可塑性をもっていて、後の経験によって幼少期に培われたものが変わることもあることが様々な研究で示され、どのような状況下でどの程度変わりうるのかの検討もなされつつある（例えば Schaffer, 1998、Werner & Smith, 2001）。

　Bowlby（1973/1976）は愛着を幼少期だけでなく、生涯にわたるとする理論を提唱し、どのような IWM をもつかによってその後の対人的行動や適応が規定されるとした。6 章でも述べた様に、IWM の連続性については多くの縦断的研究がなされ、近年は幼少期から青年期に至る長期の研究もなされるようになっている（Child Development71巻 3 号（2000）の特集、Grossmam, K, et al., 2006等）。それらの研究は必ずしも一致した結果ではないが、早期の愛着の質とその後の IWM との連続性を支持する報告が多くなされている。一方、幼少期の愛着対象との関係が良好ではなくても安定した IWM をもつ者（earned secure）が見られたり（Roisman, Padron, Stroufe & Egeland, 2002）、幼少期に虐待を受けたり不遇な状況を生きてきたことを語りながら、ある程度の安定愛着をもつ事例も報告されている（安藤・数井, 2004、金子, 2002、山岸, 2008）。

IWM の変化は、それまでの環境で構成されてきた IWM と一致しない経験をすることによると考えられ、対人的環境が大きく変わって親以外の者との間に支持的で暖かい関係をもったり、それまでのモデルと根本的に異なった強い情緒的体験をもつことによって安定愛着になることが指摘され (Bretherton, 1988、Main, Kaplan & Cassidy, 1985、Ricks, 1985)、反対に愛着対象の喪失や家庭環境の大きな変化等の negative life event によって不安定な愛着に変わることが報告されている (Hamilton, 2000、Waters et al., 2000)。また安定愛着を可能にするものとして内省力・メタ認知的モニタリングの能力があげられている (Fonagy, Steele, Steele, Moran & Higgitt, 1991、Main, 1991)。

近年 earned secure と関係すると思われるレジリエンス―困難な状況に曝されて一時的に不適応状態になってもそれを乗り越える特性や過程―の研究が盛んになされ (Luthar, Cicchetti & Becker, 2000、Masten, 2001)、縦断的研究もなされているが、その多くは幼少期から成長期にかけてである (Baldwin, Baldwin, Kasser, Zax, Sameroff & Seifer, 1993、Cowen, Wyman, Work, Kim, Fagen & Magnus, 1997、Reynolds,1998)。その中で Werner & Smith (2001) のデータは被調査者の年齢が40才まで到達しており、幼少期のリスク要因の影響や成人期の適応を予測する要因等についての知見が得られている。

IWM やレジリエンスの連続性と変動性の検討、あるいはある時期の適応と別の時期の適応の関連を検討すること、そしてどのように過ごしてきた者が、時間の経過と共にどう変化するのかを長いスパンで縦断的に検討することは、生涯発達心理学の中心的課題といえる。

山岸は青年期から初期成人期にかけて2つのグループに対して縦断的な検討をしてきた (山岸, 2006a)。それらの研究では2時点での IWM の得点間で中程度の相関が見られており、得点や集団内の位置がほとんど変わらない者も多いが、かなり変動する者も見られることが示されている。変動に関与

している要因、あるいは変動と連動する要因についてはまだ検討は少ないが、青年期から初期成人期にかけての4年後の変化において、仕事や私生活の好調さや、現在の適応感と得点の上昇・下降との関連が示されている（山岸，1997）。一方7年後のIWM得点の変化と2時点で記述された生育史の内容の変化との関連を検討した研究（山岸，2005）では、得点の上昇・下降と生育史の内容の肯定化・否定化とは必ずしも連動しておらず、対人的枠組みが肯定化すれば過去の語られ方（過去における自他のとらえ方）も肯定化するというような関連はみられなかった。

更に7章では、対人的枠組みの変化とは少し異なるが、青年期に記述された生育史における母親認知と11年後の面接で語られた母親認知の関連が検討されている。その結果2/3の者は11年経過しても青年期の生育史を引き継ぐ認知をしていること、一方で母親認知が変化している者も見られ、青年期から成人期におこる認知発達や状況要因が関与していることが示された。

但し山岸（1997）の変動要因は限られた自由記述のデータに基づいており、現在の適応感も質問項目の1項目の回答からとらえられているという問題があった。7章の研究は面接での語りに基づくものであるが、母親に焦点があり、成人期にとって重要な配偶者や子どもとの関係や全体的な適応の分析はなされていない。本研究では質問紙のデータだけでなく、詳細な面接資料を用いて、青年期から成人期にかけての19年間での変化について、母親との関係だけでなく他の重要人物との関係や全体的な適応も含めて分析を行う。被調査者は青年期に生育史を記述し、翌年に対人的枠組みに関する質問紙にも回答した40歳代の成人女性である。19年の間には就職・結婚・出産・子育て・キャリアの進展、親の病気や死亡等様々な経験がなされ、青年期とは生きる場や人間関係が大きく異なっていると考えられるが、青年期のあり方がどのように成人期のあり方に関与しているのか、青年期までにどのような人間関係を構築していた女性がどのような家庭人・職業人になり、まわりの人とどのような人間関係を築いているのか、その連続性と変動性、そしてそれ

に寄与する要因は何かの検討を行う。

なお6章では1991年と2010年の2時点での質問紙のデータがある15名の被調査者について、2時点のIWM総点のあり方から4つのタイプ（高得点群／上昇群／下降群／低得点群）に分類してタイプ別の特徴を分析した。その分析は主として質問紙調査の結果に基づいた量的なものであるが、本稿ではその15名の中で面接調査もしている9名について、6章とは異なった分析ー青年期は生育史、成人期は面接資料を用いて、質的でより詳細な分析を行う。そしてまわりの他者との間に安定した愛着を構成した者と不安定な愛着しか構成できなかった者が、成人期になってどのような対人関係をもちどのような生き方をしているのかについて、個別の語りを中心により詳しい検討を行う。

Ⅱ．方法

6章と同じ方法であるため、要点のみ記す。

1．被調査者

1990年看護専門学校3年時に生育史を書いた50名の内連絡がとれた者に調査依頼を行い、それに回答した19名の内、面接調査にも協力し且1991年の質問紙調査にも回答していた9名が本研究の被調査者である。年齢は40〜42歳。看護師6名（内5名はパート職）、看護教員1名、会社員1名、専業主婦1名。9名中8名が既婚。既婚者は全員子どもがいる。

2．調査時期

生育史ー1990年5月。

質問紙調査ー1回目　1991年5月　今回ー2010年7月から8月。

面接調査ー2010年8月から9月。

3．手続き

6章参照。

4．調査内容

（1）生育史

４つの時期―乳幼児期、小学校時代、中学・高校時代、高校卒業以降―それぞれに関し、以下の３つの観点別に自由に記述してもらった。３つの観点は、対人的環境をどうとらえ、どう感じていたか、まわりの他者はどういう意味をもっていたかを直接的、間接的にとらえるためのもので、１）「どのような時期だったか（どのような赤ちゃん、幼児、小学生…だったか）、どのように育てられ、それをどう感じていたか」２）「どんなことがあったか（自分にとって重要だったこと、楽しかった、嫌だった、つらかったことetc.）」３）「自分にとってまわりの人（母親、父親、兄弟、友人、教師etc.）はどんな意味をもっていたか、誰が自分にとって重要だったか」である。３章、７章参照。

（２）質問項目―詳細は６章参照。

１）現在の対人的枠組み（IWM）　詫摩・戸田（1988）のIWM尺度18項目。

２）エゴグラム　対人的態度を見るものとして批判的親CP、養育的親NP、大人Aを各10項目ずつ。

３）両親の養育態度　母親と父親各々の暖かさと統制、全体的印象について14項目。

４）過去から現在の各時期の全体的適応感　1991年は①幼少期　②小学生時代　③中学時代　④高校時代　⑤専門学校時代　⑥現在の６時期、2010年は1991年の①から⑤と、⑥就職した頃　⑦20代後半　⑧30代前半　⑨30代後半　⑩現在の計10時期。

５）時間的展望尺度　現在の適応状態をより詳しく見るために白井（1997）の時間的展望体験尺度の中の「現在の充実感」「過去の受容」「未来への希望」各５、４、４項目。

６）レジリエンス尺度　山岸他（2010）の項目に、Antonovsky（1983）の首尾一貫感覚の項目（山崎作成）の一部をつけ加えた29項目（新奇性追求・感情の統制・メタ認知・肯定的未来志向・楽観主義・関係性・

158　Ⅴ部　成人期の適応に影響する青年期・成人期の対人的要因

首尾一貫感覚の 7 尺度から構成）。

7 ）現在の満足度　40才頃の女性にとって重要と考えられる領域として以
下の 9 項目。①生活全般②仕事の内容　③仕事上の人間関係　④配偶
者との関係　⑤子どもとの関係　⑥家族との関係　⑦経済的問題　⑧
自分の人間としての成長　⑨その他で重要なこと。

8 ）自分にとって重要だったことに関する自由記述。

なお 1 ）～ 4 ）は1991年の調査項目に準じた項目 5 ） 8 ）は1995年から、 6 ）
7 ）は2010年につけ加えられた。質問項目の例は 6 章参照。

（ 3 ）面接

卒業後のこと、生育の過程、現在のことについての半構造化面接を行った。
詳細は 6 章参照。

5 ．倫理的配慮

6 章参照。

Ⅲ．結果と考察

1 ． 2 時期の各尺度の合成得点の算出

1 ）IWM、 2 ）エゴグラム、 3 ）両親の養育態度、 5 ）時間的展望の各尺度
については、これまでの研究で因子分析を行い、ほぼ仮定通りの結果が得ら
れているため、仮定された項目ごとに合計点を算出した（ 1 ）ＩＷＭ（現在
の対人的枠組み）は「安定得点」「アンビバレント得点」「回避得点」、 2 ）エ
ゴグラム」は「批判性」「養護性」「現実性」、 3 ）両親の養育態度は「母親の
暖かさ」「統制」、「父親の暖かさ」「統制」、 5 ）時間的展望は「現在の充実
感」「過去の受容」「未来への希望」である）。IWM と時間的展望、養育態
度に関しては、更に各尺度を合計して総点も算出した（IWM 総点＝安定得
点－（アンビバレント得点＋回避得点）／ 2 、時間的展望総点＝現在の充実感
＋過去の受容＋未来への希望、養育態度総点（肯定的な養育態度）＝暖かさ
＋統制の弱さ）。

4）「過去から現在の各時期の全体的適応感」に関しては生育過程として幼少期から高校時代までの4時期の平均値と全体での平均値を算出した。

7）「現在の満足度」についても個別の値と共に、全体的傾向を見るために平均値も算出した。

6）のレジリエンスについては質問紙への回答者全員の19名と、縦断研究を続けている他の年度の卒業生42名（第2コホート）を合わせた61名で因子分析を行い、仮定通りにまとまらなかったメタ認知等の6項目を除いて再度因子分析を行った（共に主因子法・プロマックス回転）。肯定的未来志向と楽観主義がまとまったので「肯定的志向性」とし、2つの項目で.4以上の負荷量があった1項目を除いて、因子ごとに合計点を算出し、「新奇性追求」「感情の統制」「肯定的志向性」「関係性」「首尾一貫感覚」の得点とし、更にそれらの合計得点を「レジリエンス総点」とした。

2．生育史のグループ分け

生育史の記述から、母親（養育者）及び友人との関係それぞれに関して、4つの時期別に設定を行い（山岸, 2000、山岸, 2004）、それ以外の重要人物との関係も含めて、総合的な生育過程の良好さを次の3群に分類した。

A．生育史良好群—まわりの他者と良好な関係をもち適応的である、あるいは部分的に問題はあっても全体的には良好である

B．小問題群　　—まわりの他者との関係や適応にいくらか問題がある

C．問題群　　　—まわりの他者から適切な養護を受けられず、支えや安心感を持てない等の大きな問題がある

Aが3名（全体的に良好が1名、一時期いくらか問題があるが全体的には良好が2名）、Bは4名（過干渉のケースが1名、充分な愛情や保護を受けたと感じられず愛情欲求が満たされていないと感じていたケースが3名）、C（適切に養護されず安心感を与えてもらえなかった者）が2名であった。分類の客観性・信頼性を見るために、母娘関係の研究者に分類を依頼した。

160 V部 成人期の適応に影響する青年期・成人期の対人的要因

ABCの３分類について９名中８名が一致し（88.9％）、話し合いの結果９名とも一致になり、客観性は高いといえる。

表１に生育史によるグループ別に生育史の概略を示した（面接での語りについては３．４．で述べる）。

2010年の面接で語られた生育の過程は、1990年とほぼ同じ内容であったが、より具体的な内容になったり以前には語られなかったことが語られる場合や、人物のとらえ方に変化がある場合も見られた。本研究では青年期に記述された生育史に基づいて青年期までの生育の過程をグループ化し、成人期に語られた生育過程がそれと異なる場合は、成人期の語りのところで補足的に言及する。

３．生育過程の３群別の成人期のあり方

生育過程の良好さに関する３つのグループ別に、2010年の面接で語られた他者との関係及び仕事への思いの概略を表１にまとめ、また質問紙調査での２時期のIWM得点とその変化やその他の対人的認知、現在の適応状況と関連する時間的展望得点と生活満足度得点、レジリエンス得点等を表２に示した。

生育史良好群は1991年はIWM得点が高かったが、2010年は①と③の得点が低下し、３名の平均値は小問題群の平均値よりも低くなっている（生育史良好群4.5　小問題群8.1）。①は低下してもIWM得点は高く（青年期に極端に低かったAmとAvがかなり増加したがそれでも総点は比較的高い）、適応感も時間的展望は９名中１番、生活満足度も２番目と高い得点を示している。一方③はIWM得点が大きく低下し適応感も低い。現在の適応感に関する３名の平均得点はどれも他群よりも特に高いということはない。生育史良好群に共通していることとしてエゴグラムのCPが上昇している。また面接での語りから、現在の夫との関係は必ずしも良好ではない傾向が見られ、仕事への志向は強い者が多い。

12章　19年前に記述された生育過程の良好さと成人期の適応との関連　　161

表1　生育史の概略と面接での語り（重要な他者との関係・仕事への思い）の概略

群	ケース	生育史（青年期　1991）の記述　　生育史の概略	面接での語り（成人期　2010）　　まわりの他者との関係	仕事への思い（仕事と家庭の重み）
生育史良好群	①	（幼）おとなしい子ども　両親に甘えていた記憶しかない―いつもそばにいてほしい存在 （小）両親・姉が重要　友人、時に教師も大切になる （中・高）段々積極的になる　友人が更に重要になる （専）友人が重要	「卒後就いた仕事はよい友人も沢山できて充実していたが、妊娠でやめて子育てに専念した。子育て中心の生活に問題はなかったが、社会とのつながりがなくて充実感がなかった。仕事に復帰してからは充実感いっぱいで一生懸命やっている」「心の支えだった母親が亡くなり　まだ悲しく虚しい」「子どもはなかなかうまれなかったので、子どもができてとてもうれしかった。でも子どもとうまくいかず、そのことに関して夫と感じ方が異なり（夫は子どもの行動を問題と感じていない）、共感してもらえない」	充実感 仕事＞家庭
	②	（幼）両親への愛着　兄も重要 （小）活発に遊ぶ　母が仕事に就きさびしく思う　友人 （中・高）反抗期でうるさく感じる　友人が重要 （専）両親に感謝の気持ち　友人が重要	「結婚で退職。自信をもって子育てしてきたし楽しかったが、子どもが手を離れてくると社会とつながりたい思いがでてきて、仕事を再開した。色々学ぼうと思って学校にも通い始め、新たな出会いがあって楽しい」「夫は根本的にはあっているのだろうが、子どもがらみのことで意見があわない。夫は仕事をすることにはあまり賛成ではなく家のことをきちんとやってほしいらしい」と語られる。「自分に影響を与えていること」として「育ってきた家族」「結婚で社会が広がり大人になったこと」をあげている。	社会とつながる（出会いが楽しい） 仕事＞家庭
	③	一貫して活発、行動力あり　外向的 （幼）父親になつく（おこるとこわい） （小）母親―何でも話せたが、比較されるのがいやだった （小・中）いじめが少しあるが仲直りできた	「妊娠を機に退職。子どもがすごくほしかったので、『子どもが生きがいで癒し』だが、子どもを怒ることも多く、子育てはストレスでもある」「仕事と家庭の両立が大変なのに夫は協力してくれないし、大変な時にも共感してくれない。そのような夫がストレスである」と不満が強い。「仕事はストレス発散の場」「本当の自分がいるという感じ　私らしさが出せる場　天職と感じている」と述べる。	天職、自分らしさの発揮 仕事＞家庭

		（中・高）友人と楽しく過ごす （専）友人と楽しく過ごす	青年期の生育史は学校のことの記述が多かったが、成人期の面接では父親の暴力とそれをめぐる母親の愚痴についての語りが多くなっている。	
小問題群	④	（幼）人見知り　いつも母親のそばにいた印象　父親が好き―厳しいが尊敬していた （小）母は過保護・過干渉　一方何でも話せた　友人―受け身で嫌な思いもあり　嫌な子と親しくしていた （中・高・専）母―過保護・過干渉が続く　友人関係は良好	「結婚で退職し、下の子の入学と共に仕事に復帰」「仕事に充実感はあるが、家族が一番大事で、子どもとの時間を大切にしたいので仕事をセーブしている。母の助けを得て両立させているが、家庭重視でいざとなれば仕事をやめるつもり」「夫は仕事熱心でその面では尊敬しているが、家庭にはあまり協力的でなく、無愛想で子どもに対して否定的でダメ出しをする」と批判的。 生育過程の母親については「口うるさかったが、よく相談していた」父親は「寡黙だが安心感を与えてくれる人で、存在感があり尊敬していた」現在は母親とよい関係で「夫より母の方が大切」と語る。	いざとなれば退職 仕事＜家庭
	⑤	母にわがままを言えずがまんするよい子。児童期まで厳しい母に甘えられず「母親の気を引きたく、甘えたくてたまらなかった」（小3か4の時から言いたいことを言えるようになる）やさしい父が大好き （幼）いじめられっ子 （小）リーダーシップをとるが正義感が強すぎて無視される （中・高）母は親友の一人のようになる。まわりに妥協するようになる　親友に出会う （専）母・友人とも良好な関係	「仕事が大変で疲れが強く、全然知らない所に引っ越して話す友だちもなく、いつもイライラしていて夫ともけんかばかりしていた」というつらい時期を過ごすが、その後「ポジティブに考える人に出会い影響を受けた。夫は私のことわかろうとしてくれたと感じ、私も変わろうと思うようになった」「家族との活動が楽しく、仕事は生きがいというより、生活のため」と語る。 生育の過程については「親に褒めてもらうことなく、人に頼らずやってきた」「母親は子ども時代は支えにならなかったが、出産後色々話を聞いてくれ支えになるし、苦労して育ててくれたことに感謝している。父親は大好きだったが、母からの愚痴により尊敬できなくなった。その父が亡くなると母親の思いも変わったのを見て、自分は初めからいいところを見たいと思う」と語る。	生活のため 仕事＜家庭
	⑥	（幼）両親は仕事で忙しく構ってもらえず、愛着	「妊娠で仕事をやめ、その後夫や実家の協力を得てパートをしている。子育てはなかなか思う	気分転換

	対象は世話をしてくれた人 (小) 友人と遊ぶ楽しさを知る なじめないこともあるが順応性もあり 小6教師の影響 (高) 干渉的になり、家にいると落ち着かない 友人とは良好な関係 (専) 干渉がなくなり良好になる 友人が重要	ようにいかず、精神的にストレスが大きいが、子どものことが一番大切で子どもが生きがいである。夫にはたいていのことは打ち明け、相談している。仕事はこれまで続けてきて自分に合っていると思うし息抜きにもなっているが、仕事を一生懸命やろうという気持ちはあまりない。家庭を大切にしながら、自分の生活も楽しみたい」生育過程については以前と同様のことと「兄ばかり大切にする気がしていた」「親とはうまくいかず、友人が大切で支えてもらった」と述べる。さらに「自分は母を慕ってなかったのに子どもから慕われるのが嬉しい。ただし幼少時親に甘えなかったせいか、子どもが甘えて来てもベタベタできない」「でも自分が親になって母親のすごさを感じるようになり、兄の死後両親を心配するようになった」と語る。	仕事＜家庭
⑦	(幼)「可愛がってくれれば誰でもよかった」 (小)「弟をひいきしていると思い、いつもプリプリしていた」 (小・中) うまくやれず、孤立、教師に支えられる。「知らない人ばかりの高校へ行った」 (中・高)「親に話すことで独占欲を感じていた」 (高) 母は何でも話しよき相談相手になる。受験失敗時、親身になり頼りになった。 よい友人に出会い、自分の性格が変わった	「出産で退職して専業主婦になったが、子どもと1対1でいるのは結構大変で、パート的に仕事をしたりした。でもずっと子ども中心の生活で、子どもの成長が楽しみである。自分が変わったことは子ども優先になったことで、家族のマネージャー的存在である。夫は家事が苦手だが、かなり協力してもらっている」「普通に生活していることが幸せ、充実していると思う。子どもの成長を見守り、家族みんな仲よくしていきたい。まず家族、その後に自分の仕事がついてくる。仕事は気分転換という位置づけ」と語る。 生育過程については「親は仕事で忙しく、長女でしっかりしているのではったらかしにされ、何でも自分で決めてきた」「親とは子どもが生まれてからの方が行き来があるし、自分のことも考えてくれていたのだと今は思う」友人とうまくいかなかったことについては「特にトラブルがあったわけではないが、いつも同じ人といるのは嫌だった」と語っている。	生活を楽しむ 仕事＜家庭
⑧	(幼・小) 厳しいしつけを受け、大人びた子どもとして成長。支えられる	「誰からもサポートされず、つっぱって自分だけで解決してきた」という大変だった子ども時代の経験が語られ「看護職も手に職をつけるた	おまけ 家庭が全て

問題群		ことなく肯定的記述なし　友人を見下していたが、小高学年親友と出会う　小6の担任も重要 （中）いじめ・シカトされるが「それでめげるようではいくつ生命があっても足りない」 （高）よい友人に出会う	めに目指し、自分には向いていないと思っていた」「就職すると仕事に没頭した」が、「自分を理解し受けとめてくれる夫に出会い、母性的・家庭的な姑ははじめは苦手で嫌だったが、だんだん感化されるようになった」「子どもが生まれてからは『家庭があるから自分がある』と思い、『仕事はおまけ』になった」「自分勝手な母親とは妥協点を探していたが、無理という結論に至り、それから楽になった」「子どもを大切に思っているが、育児をしていて感情的になることがある。そういう時夫が気持ちを鎮めてくれ、子どもに私の気持ちを伝えてフォローしてくれる」「自分は抱きしめられた記憶がないが、できるだけ子どもを抱きしめ、愛情表現をするようにしている」	仕事＜家庭
	⑨	（幼）（よく泣く子） （小）預けられたところでつらい経験　愛着対象はいるが、誰からも保護してもらえない状況に耐える （中）から学校生活が楽しくなる （高）よい友人に出会う	「卒後就職するが、上司に恵まれず職場でつらい思いをした。結局そこをやめて遠方の職場に行き、その後海外へ。色々な仕事、色々な経験をしてきた。帰国後も様々な仕事をしている。常勤にせず、色々なことができるようにして、自分らしく居られる場を探している。今までやってきたことを生かすような、自分らしい生き方を模索しているところ」と熱心に語る。幼少期からつらい状況が続き、支えもほとんどなく一人で必死に耐えてきたことが面接でも語られた。「早く自立するために看護職を目指した。友達はいても、特に親しい人、相談する人はもたず、一人で戦ってきた」現在も「重要な人」として思い当たる人はいないし、「誰ともつながっていない」	自分の生きる場

〈注〉幼：幼児期　小：小学時代　中：中学時代　高：高校時代　専：専門学校時代
仕事＜家庭：仕事よりも家庭が重要　　仕事＞家庭：家庭よりも仕事が重要
子どもの人数や年令、職種は、個人が特定されてしまう可能性があるため、記載していない。

表2　質問紙調査での得点 (1991年—2010年)

上段が1991年　下段が2010年

群		変化	IWM				エゴグラム			養育態度		各時期の適応感			時間的展望	レジリエンス	生活満足度
			総点	Se	Am	Av	CP	NP	A	母親	父親	生育	全体	現在			
良好群	①	-7.5	16 / 8.5	25 / 24	10 / 16	8 / 15	21 / 28	28 / 25	24 / 22	25 / 24	34 / 28	3.60 / 3.40	3.60 / 3.33	3 / 4	59	86	4.50
	②	2.5	4.5 / 7	20 / 19	15 / 13	16 / 11	18 / 22	26 / 27	23 / 24	22 / 25	33 / 32	3.40 / 3.40	3.40 / 3.22	3 / 3	53	89	4.13
	③	-11	9 / -2	25 / 16	16 / 18	16 / 18	24 / 28	29 / 28	24 / 21	26 / 21	35 / 20	3.50 / 3.20	3.50 / 3.11	3 / 3	42	90	2.88
	④	0	11.5 / 11.5	26 / 25	16 / 16	13 / 11	21 / 21	30 / 27	25 / 25	28 / 19	31 / 32	2.80 / 3.40	2.80 / 3.56	2 / 3	56	91	3.50
小問題群	⑤	5	6.5 / 11.5	21 / 22	17 / 11	12 / 10	22 / 21	27 / 26	26 / 26	24 / 24	32 / 33	3.40 / 3.20	3.40 / 3.22	3 / 3	52	96	4.00
	⑥	-1	5.5 / 4.5	22 / 22	23 / 21	10 / 14	21 / 23	28 / 29	21 / 22	21 / 20	29 / 27	3.20 / 3.00	3.20 / 3.00	3 / 3	50	79	3.13
	⑦	2	3 / 5	21 / 18	16 / 17	20 / 9	14 / 21	27 / 27	25 / 25	27 / 23	32 / 31	3.40 / 3.80	3.40 / 3.44	3 / 3	51	84	4.25
問題群	⑧	9.5	-3.5 / 6	19 / 23	17 / 17	28 / 17	25 / 24	22 / 25	26 / 29	12 / 9	23 / 23	2.67 / 3.40	2.67 / 3.50	3 / 4	56	100	4.88
	⑨	-1	-3 / -4	18 / 19	23 / 20	19 / 26	26 / 27	24 / 23	25 / 26	31 / 27	31 / 27	1.83 / 2.00	1.83 / 2.00	3 / 2	30	74	2.00
平均		0.33	11.0 / 10.7	21.9 / 21.0	17.0 / 16.6	15.8 / 14.6	21.3 / 23.9	26.8 / 26.0	24.3 / 24.4	17.1 / 14.8	29.6 / 28.1	3.10 / 3.20	3.10 / 3.20	2.9 / 3.1	49.9	87.7	3.71
レンジ			6〜30				10〜30			6〜30	7〜35	1〜4			13〜65	22〜110	1〜5

〈注〉各時期の適応感　生育：生育過程（幼～高校時代）の4時期の平均　全体：全時期の平均

166　Ⅴ部　成人期の適応に影響する青年期・成人期の対人的要因

　小問題群の４名は、現在のIWM得点が高い者２名と中程度２名である。子ども時代に愛情欲求が満たされなかった３名は、成人期においてはいずれも夫との関係が良好で家庭を重視する生活をしている。そして成人期には親との関係はある程度好転している。全体的にIWM得点の低下や不適応感は見られず、現在の生活における適応は比較的よい者が多い。

　他者との関係において大きな問題をかかえて生きてきた問題群の２名は、片方の⑧が重要な他者とよい関係をもち、IWM得点が上昇して適応的になっているのに対し、もう一方の⑨はそのような他者をもたずIWM得点は低いまま変わらず、適応感も低い状況にあり、成人期のあり方が大きく異なっている。

４．生育過程３群のケース別の成人期のあり方

　次に個々のケース別に、青年期までの生育の過程および青年期以降どのように生きてきたかの語りについてより詳しく述べ、幼少期からの育ち、生育の過程のあり方と、成人期の生き方や適応感との関連についての分析を行う（なお面接実施者は11名でその中の９名の分析であり、全員が分析対象になっているわけではないが、本人が特定される可能性があることや人に知られたくないと思われるようなマイナス面の語りに関しては、一部省略したり曖昧な表現にしてある）。

(1)良好群

ケース①

　「卒後就いた仕事はよい友人も沢山できて充実していたが、妊娠でやめて子育てに専念した。子育て中心の生活に問題はなかったが、社会とのつながりがなくて充実感がなかった。仕事に復帰してからは充実感いっぱいで一生懸命やっている。

　心の支えだった母親が亡くなりむなしさを感じている。夫やその両親・姉、

友だちと相談相手は多いが、まだ悲しみの中にいる。

子どもはなかなかうまれなかったので、子どもができてとてもうれしかった。でも自分は完璧主義で言い過ぎてしまって、子どもとうまくいかず毎日けんかになり、いい影響与えていないと思う。そのことに関して夫と感じ方が異なり（夫は子どもの行動を問題と感じていない）、共感してもらえない」と語られる。

生育過程は良好でIWM得点は高く、まわりとよい関係をもって過ごしてきており、現在もサポート源は多い。3．述べたように現在の適応得点も高い。但し育てにくい子の対応に悩み疲れており、それを夫に理解してもらえないことと、一番大きい存在だった母親の死の影響で高かったIWMが低下していると思われる。夫に自分の思いをわかってもらえないつらさを語りつつ、質問紙では夫との関係に満足していると答えているし、「性格が正反対だからいいのかもしれない」とも言っている。

ケース②

「結婚で退職した。自信をもって子育てしてきたし、楽しかったが、子どもが手を離れてくると社会とつながりたい思いがでてきて、仕事を再開した。自分が人のためになっているということが直に返ってくるし、夫とのトラブルの時に『社会にでて一人前なのだ』と思った。色々学ぼうと思って学校にも通い始め、新たな出会いがあって楽しい」と最近の新しい経験についての語りが多い。

夫に関しては「根本的にはあっているのだろうが、子どもがらみのことで意見があわず、けんかが多い。夫は（私が）仕事をすることにはあまり賛成ではなく家のことをきちんとやってほしいらしい」と語られる。

生育過程は良好で、母親については「明るくて、尊敬というより好きな人です」程度で語りは多くないが、「自分に影響を与えていること」として「育ってきた家族」をあげ、「自分が変わったこと」として「結婚で社会が広がり大人になったこと」をあげている。身近な他者との交流を重要としつつ、

状況の変化と共に広い社会に目を向けつつある。

ケース③

「妊娠を機に退職した。子どもがすごくほしかったので、『子どもが生きがいで癒し』」だが、一方で「子どもを怒ることも多く、子育てはストレスでもある」「仕事と家庭の両立が大変なのに夫は協力してくれないし、大変な時にも共感してくれない。そのような夫がストレスである」と不満を述べる（質問紙でも夫との関係に「全く満足していない」と答えている）。

仕事への思いははじめから強かったが、「現在もストレス発散の場」であると同時に「本当の自分がいるという感じ、私らしさが出せる場で、天職と感じている」と述べている。

青年期の生育史では学校のことの記述が多く、家族や親の問題はほとんど書かれていなかったが、成人期の面接では当時はあまり感じていなかった父親の暴力とそれをめぐる母親の愚痴についての語りが多くなっている。母親が亡くなったこと、そして現在夫とうまくいっていなくて当時の母の愚痴に共感できることが関与していると考えられる（質問紙でも父親の認知が以前と大きく変わっている）。

IWM得点が最も低下しているケースで、適応感も低い。青年期に記述された生育過程が良好でIWM得点が高くても、その後の状況やもたれる人間関係によってIWMや適応感は変わる場合があることが示唆されている（なお山岸（2006a）ではほとんど見られなかったが、生育過程の認知が現在の状況によって大きく変わっている例である）。

(2) 小問題群

ケース④

「結婚で退職し、下の子の入学と共に仕事に復帰した。仕事に充実感はあるが、家族が一番大事で、子どもとの時間を大切にしたいので仕事をセーブしている。母の助けを得て両立させているが、家庭重視で、いざとなれば仕

事をやめるつもり」と語られる。

夫については「仕事熱心でその面では尊敬しているし、自分のキャリアアップに関しても応援してくれた」と述べつつ、「家庭にはあまり協力的ではないし、無愛想で子どもに対して否定的でダメ出しをする」と、批判的な思いが語られる。

青年期に記述した生育史では、かなり過干渉の母親で専門学校になっても口をだしていて、反抗的な気分をもっていたことが書かれていた。現在も生育過程の母親について「口うるさかったが、よく相談していた」と両面が語られる。一方父親に対しては「寡黙だが安心感を与えてくれる人で、存在感があり尊敬していた」と肯定的に語られる。現在は母親とよい関係で「夫より母の方が大切」と語る。

母親との関係に多少問題があっても2時期ともIWM得点は高い。IWMの高さは、母親個人との関係だけでなく家庭全体でのバランスも関与している可能性が考えられる。現在も夫とのつながりは必ずしも良好ではないが、子どもや母親との関係がそれを補っていると考えられる。

ケース⑤

「仕事はまじめにやったが、要領がよくないので大変で、疲れが強かった。全然知らない所に引っ越して話す友だちもなく、いつもイライラしていて夫ともけんかばかりしていてつらかった」という時期を過ごすが、その後「ポジティブに考える人に出会い影響を受けた。夫に対しても自分は夫のことをわかろうとしなかったが、夫は私のことわかろうとしてくれたと感じ、私も変わろうと思うようになった」と自分の内的変化が語られる。子どものことについては現在の様子を熱心に語り、「子どもを育てていて自分が自分本位だったことに気づいた。家族との活動が楽しく、仕事は生きがいというより生活のため」と語る。

生育の過程については、生育史にも「母親に甘えられず甘えたかった」思いが記述されていたが、面接でも「親に褒めてもらうことなく、人に頼らず

やってきた。母に甘えたかったが、母は厳しく小学校3、4年頃までわがままを言えず気をつかっていた」と語られ、母親に同一化するように本人も「正義感が強く、強く言ってしまって孤立したりした」と述べる。

　現在の両親に関しては「母親は子ども時代支えにならなかったが、子どもを産んでから色々話を聞いてくれそれだけで支えになるし、苦労して育ててくれたことに感謝している。父親は大好きだったが、母からの愚痴により、尊敬できなくなった。その父が亡くなると母親の思いも変わったのを見て、自分はそうせずに初めからいいところを見たいと思う」と語る。

　「ポジティブに考える人」との出会いが大きい意味をもち、「その女性みたいになりたいと思う。最初からいいところを見るようにして前向きに生きていきたい」と語る。全体的にポジティブになっており、質問紙でもIWM得点が上昇し、レジリエンス得点も高い。

ケース⑥

　「妊娠で仕事をやめ、その後夫や実家の協力を得てパートをしている。子育てはなかなか思うようにいかず、精神的にストレスが大きいが、子どものことが一番大切で子どもが生きがいである。夫との関係も良好で、たいていのことは打ち明け、相談している。仕事はこれまで続けてきて自分に合っていると思うし、息抜きにもなっている。でも仕事を一生懸命やろうという気持ちはあまりない。家庭を大切にしながら、自分の生活も楽しみたい」と語る。

　生育過程については「幼少期、両親は仕事で忙しく構ってもらえず、その後干渉的になり、また兄ばかり大切にする気がしていた。親とはうまくいかず、友人が大切で支えてもらった」と述べる。そして「自分は母を慕ってなかったのに、子どもから慕われるのが嬉しい。但し幼少時親に甘えなかったせいか、子どもが甘えて来てもベタベタできない」「でも自分が親になって母親のすごさを感じるようになったし、兄の死後両親を心配するようになった」と語られる。

愛情欲求が満たされない思いをかかえて生きてきたが、生育の過程では友人に支えられ、結婚後は夫に支えられ、IWM得点は2時期とも低くない。自分の養育に関する問題を自覚していて、自分の子ども時代とは異なる母子関係を形成する一方、母親に対しても理解を深めて以前とは異なった関係をもつようになっている。

ケース⑦

「出産で退職して専業主婦になったが、子どもと1対1でいるのは結構大変で、パート的に仕事をしたりした。でもずっと子ども中心の生活で、夫との会話もほとんど子どものことだし、子どもの成長が楽しみである。仕事との両立は両親の協力があり、それほど大変ではなかった。自分が変わったことは子ども優先になったことで、家族のマネージャー的存在である。夫は家事は苦手だが、かなり協力してもらっている」と満足気に語る。

生育過程については「親は仕事で忙しく、長女でしっかりしているのでほったらかしにされ、色々教えてくれなかった。親に相談せず、何でも自分で決めてきたが、自分は一生懸命子どもに教えているし、相談にのっている」「親とは子どもが生まれてからの方が行き来がある。『弟のことばかり構って』と思っていたが、親になって子どもはかわいく何があっても守ろうと思うので、親もそう思っていたのかなと思う」

「普通に生活していることが幸せ、充実していると思う。子どもの成長を見守り、家族みんな仲よくしていきたい。まず家族、その後に自分の仕事がついてくる。仕事は気分転換という位置づけ」と語る。

生育史では小・中学時代友人とうまくやれず、教師に支えられ「知らない人ばかりの高校へ行った」とあるが、高校時代によい友人に出会い自分の性格が変わり、母親との関係も変わっている。当時のことを聞くと、特にトラブルがあったわけではないが「いつも同じ人といるのは嫌だった。あまり人と仲よくなるのは好きじゃない」と語っている。

愛情欲求が満たされず不安定なIWMをもっていたと考えられるが、高校

時代から友人、そして結婚後は夫（安定型なのだろう）が愛情欲求を満たしてくれ、AV得点が大きく下がっている。本人は「マネージャー役」の自分に満足して家庭中心の生活をしている

(3)問題群
ケース⑧

「誰からもサポートされず、つっぱって自分だけで解決してきた」という大変だった子ども時代の経験がまず語られた。「看護職も手に職をつけるために目指し、自分には向いていないと思っていた」「就職すると仕事に没頭した」が、「自分を理解し受けとめてくれる夫に出会い、母性的・家庭的な姑がはじめは苦手で嫌だったが、だんだん感化されるようになった」「『自分が一番』でずっとやってきたが、まわりのことを考えて合わせること、協調性を学んだ。職場でも以前はまわりに配慮することなくギスギスやっていたが協調的になった。子どもが生まれてからは『家庭があるから自分がある』と思い、『仕事はおまけ』になった」と語る。

「自分勝手な母親とは妥協点を探していたが、無理という結論に至り、それから楽になった」「子どもを大切に思っているが、育児をしていて感情的になることがある。そういう時夫が気持ちを鎮めてくれ、『お母さんみたいになっているよ』と言われて、はっとして興奮がおさまる」「夫が子どもに私の気持ちを伝え、フォローしてくれる。できるだけ子どもに愛情表現をするようにしている」と語られる。

小さい頃から人に頼らず、ほとんど誰ともつながらず、回避的に生きてきたが（児童期後半になると教師や友人との出会い、友人の家族等とのつながりを得るが）、そのような彼女を理解し支援してくれる夫と出会い、更に理解するだけでなく、違う生き方を根気よく示してくれる「人生の師」と思っている姑との交流により、考え方や生き方が大きく変わっている。IWM得点は上昇し、特にAVが激減している。自分の育ちの問題を意識し、夫の助

けを得て時に感情的になる自分をモニターしながら生きている。

ケース⑨

「卒後就職するが、上司に恵まれず、職場でつらい思いをした。結局そこをやめて遠方の職場に行ったりし、その後海外へ行き、色々な仕事、色々な経験をしてきた。帰国後も様々な仕事をしている。常勤にせず、色々なことができるようにしている。自分らしく居られる場を探している。今までやってきたことを生かすような、『点を線』にしていけるような、自分らしい生き方を模索しているところ」と熱心に語る。

幼少期からつらい状況が続き、支えもほとんどなく一人で必死に耐えてきたことが生育史に綴られ、面接でも語られた。「早く自立するために看護職を目指した。友達はいても、特に親しい人、相談する人は持たず、一人で戦ってきた」と述べる。現在も「重要な人」として思い当たる人はいないし、「誰ともつながっていない」「他の人だったら耐えられないだろうけど、私は平気」と述べ、AV 得点は19点から26点に上昇している。一度だけ恋人ができ、それまでとは違う気持ちになったが、しかし結婚はできなかった。

子ども時代、愛着対象はいても支えてもらえないつらい状況が続くが、成長に伴い友人との関係に支えられるようになる。但しその関係性に関しても現在は必ずしも肯定的に語られず、回避傾向が強い。時間的展望や生活満足度は9名中最も低いが、理不尽に感じる状況ではめげずに自己主張して立ち向かう強さをもち、新しいことにも挑戦しながら自分らしい生き方を模索している。

生育過程の3群に分類された9つのケースについて個別に青年期から成人期のあり方の分析を行った。それらの結果を総合すると以下のようにまとめられる。

良好群の3名に関しては、青年期の記述では生育過程は良好で、IWM 得点も真ん中から上位の得点だったが、3名中2名は成人期に IWM 得点が下

がっていた。生育過程で構成される対人的枠組み—IWM は固定的ではなく、その後にもたれる人間関係や状況によって変わることが示されている。但しケース①は低下しても現在の IWM 得点は低くはないし、母親の死からまだ立ち直っていないことによる一時的なものなのかもしれない。ケース③の低下は 9 名中最大の数値であり、夫との関係に問題が見られることが関与していると思われる。①と③は共に母親を亡くしており（時期はかなり異なるが）、よい関係であった母親を亡くし、夫からのサポートが充分得られないことが低下と関連していると思われる。③ほどではないが、他の 2 名も夫との関係が必ずしも良好ではないこと、子どもは大切だが、仕事に充実感を感じていることが共通していた。

　小問題群は 4 名中 3 名が子ども時代に愛情欲求が満たされない思いをもっていたが、1991 年の時点でも今回も IWM 得点は低くない。1991 年の得点は、母親に対する愛情欲求が満たされなくてもそれを補うような人がいたことが関与していると考えられる。そして⑤は生き方に共鳴できる友人に出会ったことにより夫との関係も変わり、IWM 得点が上昇している。⑥⑦は生育の過程では友人に支えられ、結婚後は夫に支えられ、母との関係もそれなりによくなってきている。④はかなり過干渉の母親だが、2 時期とも IWM 得点は高い。母親個人との関係だけでなく家庭全体でのバランスも関与している可能性がある。

　生育の過程で母親との間に多少の問題があっても、支えてくれる人がいることが重要であり、成長期の母娘関係が成人期の適応に大きく影響することはないことが示されている。支えてくれる人として成長期は友人、成人期は夫が重要だが、④は夫との関係は必ずしも良好ではなく、子どもや母親とのつながりが重要としている。

　ある時期の子どもにとって適切でない親のあり方も、発達の時期が変われば問題でなくなる場合もあるし（たとえば⑦は幼少期はかまってもらえず、愛情欲求にとらわれていたが、そのようなあり方を青年期には問題と感じな

くなっている）、成人になり親の立場がわかるようになると、適切でないと思えた親のあり方をある程度受容するようになることが示されている。このことは9章（山岸, 2009）でも報告されている。但し不適切さが大きい場合は次に述べる⑧のように受容はできず、関係性を変えることをあきらめて、それで楽になったと述べられている。

問題群の2つのケースは対照的であり、生育の過程に大きな問題があって不安定なIWMをもった場合でも、その後の出会いや置かれた状況によって成人期のあり方が大きく異なることが示されている。⑧は自分のことをよく理解し適切に支援してくれる夫と、人生の師と思える姑との交流により、考え方や生き方が大きく変わってAVを激減させIWM得点が上昇している。一方親しい人をもたず一人で自分の生き方を模索している⑨は、AVが上昇し回避的な対人的枠組みを強化させている。但し⑨も今後の出会いや状況によっては変わる可能性があるということでもある。

Ⅳ．討論

生育過程において重要な他者との関係の中で構成される対人的枠組みは、対人的情報を処理し行動する際の枠組みになり、人の行動に一貫性を与えるものの1つになるが、一方経験の中で変動するとも考えられる。本研究では、青年期までの生育過程の良好さあるいは青年期に測定されたIWMが、成人期のあり方を規定しているのか—青年期から成人期にかけてのIWMの安定性と変動性—について、9名の縦断的データに基づいて検討を行った。その結果青年期まで良好だった者が必ずしも成人期にも良好とは限らないし、劣悪な状況を生きてきた者が成人期に適応的に生きている場合もあることが示された。

成人期のIWMや適応に関与している要因として、どのような人と出会いどのようなかかわりをもつかが重要であり、特に配偶者がどのような人か—自分を理解し、共感し、サポートしてくれるか—が大きく影響する場合があ

ることが示された。ケース③は青年期に書いた生育史は良好でIWM得点も高かったが、成人期の現在は夫に大きな不満をもちIWMを激減させている。反対にケース⑧は自分をよく理解してくれる夫に支えられて回避得点を大きく下げ、幼少期のつらい経験の影響を夫に支えられることで徐々に乗り越えていく様子が語られた。また子どもとのかかわりが自分にとってもつ意味はほとんどの者が語っており、「慕ってくれる」「甘えてかわいい」「自分はちゃらんぽらんなのにちゃんと育ってくれる」というようにプラスのフィードバックを与えてくれることの重要性が語られていた。同時に思うようにいかないという思いももつ場合も多いが、一生懸命かかわってもうまくいかないというつらさを語ったケース①は、適応感は高く全体的には大きな問題はないが、IWM得点が下がっていた。更に夫や子どもだけでなく、生き方のお手本となるような人 同性の年長者あるいは少し上の人との出会いがIWMの上昇と関連しているケースが2例（ケース⑤と⑧）見られた。Levinson (1978) は初期成人期に職場で出会うお手本になるような指導者—メンターの重要性を述べているが、この2例における他者はメンターにあたり、成人期女性においても重要な意味をもつことが示されている（なお別のコホートでの11年後の検討（山岸, 2009：9章）でも母親との関係において問題をもつ者が母性的なかかわりをもってくれる年長者に信頼を寄せていることが語られていた）。

　そのような他者との出会いが成人期のIWMや適応に大きく関与するが、そのような人に出会えるかは本人がもっている対人的枠組みが関与する一方、他の要因、時には偶然も関与すると思われる。ケース⑧は結婚した男性の母親がたまたま母性的・家庭的だったということだし、ケース①の子どもが育てにくい子であるのも本人の育ちやIWMによるものではないと思われる。一方愛情欲求が満たされなかった小問題群の3名がサポーティブな夫と結婚したのはそれを必要としたからだと思われる（次回の面接時に聞いてみたい）。Van IJzendoorn & Bakermans-Kranenburg (1996) によると回避型、

不安型の女性の43%、33%の者が安定型の男性と結婚するという。主体的な選択と偶然の両方が関与していると思われる。

生育過程で母親との間にいくらか問題があった者も、成人期にはそれなりによくなっている場合が多かった（ケース④⑤⑥⑦）。そのように生育過程での問題は必ずしも成人期にまでもち来されるわけではないが、しかしケース⑥は「幼少時親に甘えなかったせいか、子どもが甘えて来てもベタベタできない」と述べている。また大きな問題があったケース⑧は母との和解をあきらめ、母との問題から解放されたようだが、自分の育ちの影響が子育てに出てきてしまうことを述べている。幼少時の経験の影響はやはり大きく、認知的・意識的には問題が小さくなっても、行動や感情への影響はそう簡単にはなくならないことが示されている。ただどちらも自分を振り返る内省力をもっており、特にケース⑧は夫の援助も得て母親からの影響のもとで作られた自分のあり方をコントロールしようとしている。内省力やメタ認知的モニタリングと安定愛着が関連しており、そのような能力をもつことが不安定なIWMの変化につながることが指摘されているが（Main, 1991）、⑧は夫や姑との交流と自分をモニターする能力によってIWMを大きく変えたのだと思われる。

良好群の3名は仕事に対して充実感をもっていることで共通しており、小問題群は反対に仕事よりも家庭が重要とする者が多かった。そして問題群はそもそも進路の決定要因が自立のための手段であり、生きていく上での方略として仕事をとらえていた。生育過程の良好さと仕事への積極的取り組みや充実感とのつながりが示唆されているといえる。これは安定愛着の者は養育者から安定感を得ているため探索行動がとれるのに対し、安定感を得ることに不安を感じている者は探索よりも愛着に執着するというBowlby理論に沿った結果である。Hazan & Shaver（1990）の研究でも、成人愛着のタイプと仕事への志向性に乳幼児期の愛着と探索と類似の関連が見られているし、Werner & Smith（2001）も長期の縦断的研究で、40才時の仕事への満足度

を予測する要因として、18才時に家族にもたれる安心感がプラス、両親の問題がマイナスに関与すると報告している。看護学生の別のコホート（山岸, 2016：14章）でも成人期に仕事にやりがいを感じている者は、青年期のIWM が高かった者が多い傾向が見られている。但し本研究では良好群は小問題群に比べると夫との関係に満足しておらず、家庭生活に満足している小問題群よりもその満足度が少ないことが、気持ちを仕事に向かわせるという解釈も可能である。現状に満足していないケース⑨の気持ちも、強く仕事に向けられている。仕事への積極的かかわりと関連する要因について更に検討することが必要である。

　本研究では IWM として Hazan & Shaver－戸田の質問項目を使い、更にSe－（Am＋Av）/2 を IWM 得点として使っており、分析の指標は Main の方法による IWM とは異なっている。しかし他者との交流に安心感をもてるか、不安感をもったり自信をもてなかったり、あるいは他者を回避する傾向があるかというような他者との交流においてもたれる対人的枠組みが肯定的なものか、そしてそれが青年期から成人期にかけて変わるのかの検討はできたと考えられる。

　本研究の問題点として、ケース数が9名と少ないことがあげられる。そして卒後19年にわざわざ面接に来てくれる人は、現在の状況が比較的うまくいっている人が多く、現在うまくいってなくても意欲をもっている人―選ばれた人である可能性が高い。従って本研究の結果を簡単に一般化することはできないと思われる。しかし青年期までのあり方と成人期のあり方が必ずしも連続的ではなく、その後に出会った他者との関係によって変化することを19年間の縦断的データで示した意義は大きいと考える。データを増やして検討することが必要であり、また同じデータで更に縦断的研究を続けることで、成人期以降の発達的変化についての知見を得ると共に、今回の分析の妥当性や問題性も見えてくると思われる。

13章　成人期の適応に影響する青年期・成人期の対人的要因
―17年後の縦断的データに基づく数量的検討―
（研究11）

Ⅰ. 問題と目的

　Bowlby の愛着理論は、幼少期だけでなく、成人愛着のタイプを測定する面接法（AAI）や質問紙法を使って青年期や成人期に関しても実証研究が盛んになされている。幼少期に形成された愛着が発達と共にどのように変化していくのか、そこに寄与する要因は何か、ある愛着のタイプをもつことが後の発達とどうかかわるのかについての知見も積み重ねられている（例えば数井・遠藤（2005））。後の発達との関連については縦断的な検討が必要だが、幼少期からの縦断的研究は短期のものから長期のものまで様々な形で行われるようになっており、長期の縦断的研究をまとめた著書として Grossman 他（2006）や三宅・高橋（2009）等がある。

　一方青年期以降の成人愛着と以前の愛着との関連に関しては以前に関しては回想によってとらえられる場合が多く、回顧資料ではなく長期間 prospective に検討する縦断的研究はまだほとんどなされていない。他の領域に関しては、Werner & Smith（2001）や Vaillant（2002）等の長期にわたる研究がある。Werner & Smith（2001）は幼少期にリスク要因をもっていた者を成人期にいたるまで追跡し（2001のデータでは被調査者の年齢は40才にまで到達している）、幼少期のリスク要因の影響や成人期の適応を予測する要因等についての知見を得ている。Vaillant, G. E.（2002/2008）はハーバード大学の卒業生及び他の2つのコホートに60年間という長期間追跡調査を続け、老

180　Ⅴ部　成人期の適応に影響する青年期・成人期の対人的要因

年期の健康と幸福度を規定する要因について検討している。あるいは反対に
ある時期にもたれた幸福感が後の適応（社会的地位や結婚率・結婚満足度、
生存率等）と関連することが指摘されている（大石, 2009）。このようにある
時期の適応と別の時期の適応の関連を検討すること、どのような過去を過ご
していた者が、時間の経過と共にどう変化するのかを長いスパンで縦断的に
検討することは、生涯発達心理学の中心的課題といえる。

　青年期後期から成人期にかけては、就職・結婚・出産・子育てと新たな人
間関係を構築する機会が多く、それまでとは異なった新しい人間関係を適切
に作り、その相手に責任をもって世話をし、関わりを続けることが自我発達
の課題になる（「親密性対孤立」「生殖性対停滞」）。本研究では、新しい人間
関係を適切に作り世話をすることが自我発達の課題になるこの時期の「適
応」に、青年後期のIWMやそれと関連する要因がどの程度関与するのかに
ついて、縦断的なデータによって検討する。つまり今まで縦断的に収集して
きたIWM他の対人的要因－他者に対する養護性や現実をしっかり見る力、
両親の養育態度の認知に関する青年後期のあり方が、成人期のIWMや適応
とどの位関連するのかについて検討を行う。

　なお5章、6章では青年期から成人期にかけての縦断的研究において、
IWMやそれとの関連が予想される対人的認知の連続性と変動性、そして変
動に関与する要因に関する検討を行ってきた。更に6章、12章では面接のデ
ータもある者についてより詳しい質的な検討を行い、青年期に記述してもら
った生育史に見られる生育過程の様相、及び青年期と成人期に測定された
IWM得点のタイプと成人期の適応との関連について質的な分析も行ってい
る。本研究では、対人的認知に関しては今までと基本的に同じ項目を用い、
成人期の適応との関連をとらえる。成人期の指標に関しては、今までは各時
期の適応は、それらの時期の全体的印象（「楽しかった」～「つらかった」の
4件法）で簡単にとらえるか、あるいは面接データによって質的な分析をし
ていたが、本研究では現在の適応状態をより多くの観点から質問紙法でとら

13章　成人期の適応に影響する青年期・成人期の対人的要因　　181

えて数量的分析を行う。

　現在の適応を見る尺度として１．時間的展望　２．レジリエンス　３．生活満足度の３つの指標を用いる。時間的展望は1996年時の調査から使用してきたが、各人の過去―現在―未来のとらえ方（過去を受容し、現在充実感をもち、未来に希望をもっているか）を適応感として用いる。レジリエンスは「逆境にあっても挫けず、一旦不適応状態に陥っても、立ち直る『精神的強さ』を表す概念（Masten, 2001）であり、近年研究が盛んに行われ、様々な尺度が構成されている。現在の適応感そのものではないが、ストレスフルな状況に置かれても不適応にならないという意味で、今後の適応感を予測するものと考えられる。また現在の全体的印象だけでなく、より細かく生活上重要な様々な側面に関する満足度も尋ねる。

　以上のように本研究は上記の研究（６章、12章）に引き続き、より多くの被調査者（40名）を対象に様々な適応の指標を用いて、成人期の適応を規定する対人的要因は何か、青年期と成人期の変数がどのように関与しているのかについて縦断的データによって数量的な検討を行う。

Ⅱ．方法

１．被調査者

　1994年看護短大３年時に生育史を書いた99名の内、質問紙調査の依頼に同意した者40名（回答率80.0％）。年齢は37～39才。看護師22名、保健師６名、看護教員２名、養護教諭１名、助産師１名、専業主婦６名、その他２名。就労の形態は、常勤職が25名、パート８名、無職７名。既婚27名、独身13名（内２名は現在婚約中、３名は離婚経験者）。子どもがいる者24名（１人５名、２人14名、３人５名）。

２．調査時期

　１回目　1994年５月　今回―2011年６月から７月。

182　　Ⅴ部　成人期の適応に影響する青年期・成人期の対人的要因

３．手続き

6章、12章と同じ。

４．調査内容

【質問紙の質問項目】

　1994年の調査項目に準じた項目1）から4）と、1996年からつけ加えた5）、今回新たにつけ加えた6）7）から成る質問紙調査を行った。

1）現在の対人的枠組み（IWM）　詫摩・戸田（1988）がHazan & Shaver（1987）を参考に作成したIWM尺度18項目（安定、アンビバレント、回避に該当する項目6ずつ）。

2）エゴグラム　対人的態度を見るものとして批判的親CP（2011年のみ施行）、養育的親NP、大人Aを各10項目ずつ（杉田（1983）を一部改変）。

3）両親の養育態度　戸田（1990）の質問項目を参考にした14項目（母親、父親それぞれの暖かさと統制、全体的印象）。

4）過去から現在の各時期の全体的適応感　①幼少期　②小学生時代　③中学時代　④高校時代　⑤高校卒業以降の5時期、2011年は1994年の①から⑤と、⑥就職した頃　⑦20代後半　⑧30代前半　⑨30代後半　⑩現在の計10時期。

5）時間的展望尺度　現在の適応状態をより詳しく見るために白井（1997）の時間的展望体験尺度の中の「現在の充実感」「過去の受容」「未来への希望」各5、4、4項目。

6）レジリエンス尺度　山岸他（2010）の項目にAntonovsky（1983）の首尾一貫感覚の項目（山崎作成）の一部をつけ加えた29項目（新奇性追求・感情の統制・メタ認知・肯定的未来志向・楽観主義・関係性・首尾一貫感覚の7尺度から構成）。

7）現在の満足度　30代後半頃の女性にとって重要と考えられる領域での満足度―①生活全般　②仕事の内容　③仕事上の人間関係　④配偶者との関係　⑤子どもとの関係　⑥家族との関係　⑦経済的問題　⑧自分の人

間としての成長　⑨その他で重要なこと。

5．倫理的配慮

順天堂大学スポーツ健康科学部研究等倫理委員会の承認を得た。

Ⅲ．結果と考察

1．2時期の各尺度の合成得点の算出

1）IWM、3）両親の養育態度、4）時間的展望の各尺度については、これまでの研究で因子分析を行い、ほぼ仮定通りの結果が得られているため、仮定された項目ごとに合計点を算出し（1．安定得点、アンビバレント得点、回避得点、3．母親の暖かさ、統制、父親の暖かさ、統制、5．現在の充実感、過去の受容、未来への希望）、IWMと時間的展望に関しては、更に各尺度を合計して総点も算出した（IWM総点＝安定得点－（アンビバレント得点＋回避得点）／2、時間的展望総点＝現在の充実感＋過去の受容＋未来への希望）。

2）5）については全項目で因子分析を行った（主因子法・プロマックス回転）。2）については2因子解を求め、仮定通りの因子負荷がなかった項目を除いて再度因子分析を行い、その結果に基づき養護性7項目、現実性3項目の合計得点を算出した。5）についてはまとまりが悪かった「メタ認知」の項目や、仮定通りの負荷がない項目、2因子に高い負荷がある等不適切な項目をのぞき、21項目で再度因子分析を行った。その結果が表1である。「新奇性追求」「感情の統制」「肯定的志向性」「関係性」「首尾一貫感覚」に該当する因子が見られたが、5つの下位尺度間の相関をみたところ「関係性」のみ他との関連が見られず異質であるため（表2）、「関係性」はレジリエンス総点から除き、「新奇性追求」4項目「感情の統制」4項目「肯定的志向性」5項目「首尾一貫感覚」4項目の計17項目の合計得点を「レジリエンス総点」とした。

各尺度のα係数を算出したところ、両親の養育態度の統制は十分な値でな

184   V部　成人期の適応に影響する青年期・成人期の対人的要因

表1　レジリエンス項目の因子分析結果

	I	II	III	IV	V
11. 将来の見通しは明るいと思う	**.701**	.013	－ .069	.210	－ .092
5. 何事もよい方に考える	**.656**	－ .062	.126	－ .096	.023
4. 自分の未来にはきっといいことがあると思う	**.620**	.027	.116	.086	－ .066
18. 自分の将来に希望をもっている	**.605**	.010	.081	.080	－ .075
12. 困ったことが起きてもよい方向にもっていけると思う	**.423**	－ .053	.078	.206	.169
13. 寂しい時や悲しい時は自分の気持ちを人に聞いてもらいたいと思う	.012	**.883**	－ .007	－ .037	.007
6. つらい時や悩んでいる時は自分の気持ちを人に話したいと思う	.078	**.864**	－ .064	－ .068	－ .031
20. 迷っている時は人の意見を聞きたいと思う	－ .116	**.728**	－ .060	.126	.089
28. 自分の考えを人に聞いてもらいたいと思う	－ .042	**.610**	.236	.019	－ .021
15. ものごとに対する興味や関心が強い方だ	.080	.092	**.730**	－ .014	.081
8. 新しいことや珍しいことが好きだ	.127	.048	**.718**	－ .156	－ .100
22. 私は色々なことを知りたいと思う	－ .052	－ .023	**.712**	.181	.034
1. 色々なことにチャレンジするのが好きだ	.178	－ .091	**.699**	－ .080	.020
14. つらい経験から学ぶことがあると思う	.130	－ .022	－ .109	**.745**	.039
21. 困難があってもそれは人生にとって価値あるものだと思う	.134	.017	－ .093	**.739**	－ .083
7. うまくいかないこともその経験が後で役にたつと思う	.147	.096	.008	**.554**	－ .025
27. 大変だったがそれをくり抜けることで自分は成長したと思う経験がある	－ .141	－ .058	.159	**.463**	.182
16. いつも冷静でいられるようにこころがけている	－ .201	.040	.014	.119	**.743**
2. 自分の感情をコントロールできる方だ	.291	.027	－ .063	－ .194	**.616**
9. 動揺しても、自分を落ち着かせることができる	.394	.006	－ .145	－ .076	**.564**
23. ねばり強い人間だと思う	－ .192	－ .036	.207	.140	**.439**
因子負荷量の平方和	3.910	2.920	3.930	3.360	2.389

太字　.4以上　回転前の累積寄与率　63.81%

13章 成人期の適応に影響する青年期・成人期の対人的要因 185

表2 レジリエンスの下位尺度間の相関

	感情統制	肯定的志向	首尾一貫感覚	関係性	レジリエンス総点
新奇性	.433**	.756***	.432***	−001	.847***
感情統制		.461***	.431***	−318+	.708***
肯定的志向			.537	−138***	.898***
首尾一貫				.138	.716***
関係性					−.096

**$p < .01$, ***$p < .001$, +$p < .10$

かったため、以下の分析では使用しない。分析に使用する尺度の項目例と α 係数を表3に示した。

2．対人的要因の2時期の変化

　対人的要因の2時期の平均値（標準偏差）と t 検定の結果、及び相関係数は表4の通り。17年たってもどれも有意であり（但し AV は10%水準）、かなりの関連があるといえる。これまでにも同じコホートで11年後（$N=51$）：5章、別のコホートの19年後（$N=15$）：6章でも検討したが、コホートにより、また時期によりいくらか異なるが、総じて相関は比較的高いといえる。2時期で有意差が見られたのは、現実性（$p < .05$）で、父親の暖かさは有意傾向（$p < .10$）であった。成人期になると青年期に比べて冷静に対処する傾向が上昇することが示された。

3．各時期内での要因間の関連

　青年期及び成人期それぞれにおいて、対人的枠組み（IWM）と他の対人的認知がどの程度関連しているか、相関係数を算出した。IWM と養護性がプラスの相関（成人期.370（$p < .05$）、青年期.294（$p < .10$））、青年期の母親の暖かさと父親の暖かさにプラスの相関が見られた（.412（$p < .01$））が、他の関連は有意ではなかった。

186   V部　成人期の適応に影響する青年期・成人期の対人的要因

表3　各下位尺度の質問項目の例とα係数

IWM		
Secure	私は人に好かれやすい性質だと思う	.804
Ambivalent	人は本当はいやいやながら私と親しくしてくれているのではないかと思うことがある。	.712
Avoidant	どんなに困った時でも人には頼らない方だ。	.686
エゴグラム		
養護性	他人の世話をするのが好きだ。	.743
現実性	感情的というより理性的な方だ。	.610
養育態度		
母親の暖かさ	母親にやさしくしてもらった思い出があまり浮かばない（逆転）。	.754
父親の暖かさ	自分はよい父親をもったと思う。	.850
時間的展望		
現在の充実感	毎日の生活が充実している。	.816
過去の受容	過去のことはあまり思い出したくない。（逆転）	.739
未来への希望	自分の将来は自分で切り開く自信がある。	.827
レジリエンス		
新奇性	ものごとに対する興味や関心がつよい方だ。	.834
感情統制	いつも冷静でいられるようにこころがけている。	.690
肯定的志向性	将来の見通しは明るいと思う	.814
首尾一貫感覚	つらい経験から学ぶことがあると思う。	.783

エゴグラムとレジリエンスの項目例は、因子分析の各因子で一番因子負荷が高かった項目。

　現在の適応感尺度に関しては、多面的にとらえるために時間的展望、レジリエンス、生活満足度に関する回答を得た。それら相互の関連をみたところ、1）時間的展望総点、2）レジリエンス総点、3）生活満足度全体の平均点相互の相関係数はどれも有意であった（cf. 表5）。また「現在の全体的印象」に関しても、1－1名、2－4名、3－27名、4－8名だったため、低群（1と2）5名、中群（3）27名、高群（4）8名の3群に分け、時間的展望、レジリエンス、生活満足度について分散分析をおこなったところ、3尺度とも有意な差が見られた（cf. 表5）。「現在の全体的印象」は大雑把な尺

13章　成人期の適応に影響する青年期・成人期の対人的要因　187

表4　対人的要因2時期の平均値（標準偏差）と差の検定、相関係数

	1994	2011	t 検定	相関係数
IWM	4.33(11.30)	2.98(11.02)		.648***
安定	18.80(4.21)	18.35(4.02)		.692***
不安	17.78(4.20)	17.18(3.38)		.485**
回避	15.50(3.51)	16.55(3.16)		.298+
養護性	2.59(0.32)	2.56(0.34)		.539***
現実性	1.87(0.51)	2.26(0.56)	3.27**	.423**
母親暖	4.21(0.55)	4.08(0.75)		.562***
父親暖	4.12(0.78)	3.95(0.86)	1.69+	.715***

**$p<.01$, ***$p<.001$, +$p<.10$

表5　現在の適応感尺度相互の関連

	相関係数		分散分析 （現在の全体的印象）
	レジリエンス	生活満足度	
時間的展望	.564***	.603***	10.69***
レジリエンス		.456***	12.91***
生活満足度			3.61*

*$p<.05$, ***$p<.001$

度であるため、以後の分析では現在の適応感として時間的展望総点、レジリ
エンス総点、生活満足度全体の平均点を使用することとする。

4．2時期の対人的要因と成人期の適応感との関連

　成人期の3つの適応感の指標（時間的展望、レジリエンス、生活満足度）
と青年期・成人期の対人的要因との相関係数は表6の通り。成人期のIWM
と父親の暖かさは適応感の3つの指標との間にプラスの相関が見られている
（一部10%水準）。父親の暖かさが弱いが関連を示している一方、母親の暖か
さとは関連が見られなかった。

188   V部   成人期の適応に影響する青年期・成人期の対人的要因

表6   成人期の適応感の3つの指標と2時期の対人的認知との関連および成人期を
partial out した偏相関係数

	時間的展望			レジリエンス			生活満足度		
	青年期	成人期	偏相関	青年期	成人期	偏相関	青年期	成人期	偏相関
IWM	.523***	.579***	.239	.546***	.484***	.348*	.365*	.290⁺	.244
養護性	.308⁺	.121	.290⁺	.302⁺	.288⁺	.182	.468**	.283⁺	.391*
現実性	.176	.011	.188	.161	.184	.095	.327*	− .009	.397*
母親暖	.182	.183	.095	.100	.095	.057	.241	.218	.147
父親暖	.175	.293⁺	− .017	.194	.299⁺	− .091	.276⁺	.432**	− .052

*p<.05, **p<.01, ***p<.001, ⁺p<.10

　そして青年期に測定された対人的要因—IWMや養護性も成人期の3つの適応感の指標と関連が見られ、相関の値が成人期のものを上回る場合もあった。IWMは時間的展望及びレジリエンスとの間に.5台の相関、養護性は3指標とも青年期の方が値が高く、また生活満足度は青年期の現実性とも関連が見られている。成人期の対人的認知が適応感の指標と関連するだけではなく、17年前に測定された青年期の対人的認知も関連していることが示された。

　以上のように成人期の適応感に両時期の対人的要因が関与していること、青年期の要因の関与も大きいことが示されたので、関与の大きさを重回帰分析によって検討した。従属変数として適応感の3つの指標、独立変数として両時期のIWM、養護性、現実性、母親の暖かさ、父親の暖かさの10変数をステップワイズ法で投入した。その結果は表7の通りである。時間的展望は成人期のIWMと父親の暖かさが投入され、現在の要因の関与が強いが、レジリエンスと生活満足度に関しては、レジリエンスには青年期のIWM、生活満足度には青年期の養護性が第1に投入されており、青年期の要因の関与の強さが示されている。成人期の適応感を規定するものとして、成人期のIWMや父親認知の関与が示されたが、それだけでなく17年前に測定された青年期の要因も関与していることが示唆されている。

13章　成人期の適応に影響する青年期・成人期の対人的要因　　189

表7　成人期の適応感を規定するもの―重回帰分析

従属変数	β（標準偏回帰係数）		R^2（調整済）
時間的展望	IWM　2011	.573***	.415***
	父親暖　2011	.283*	（.383***）
レジリエンス	IWM　1994	.546***	.298*
			（.280*）
生活満足度	養護性　1994	.360*	.300**
	父親暖　2011	.303*	（.262）

*$p<.05$, **$p<.01$, ***$p<.001$

5．レジリエンスの下位尺度と対人的要因との関連

　4でレジリエンス総点と対人的要因との関連を検討したが、レジリエンスは様々な下位尺度から成っているので、有意な関連が見られた4つの対人的要因と4つの下位尺度との相関係数も算出した（cf. 表8）。ここでも成人期の要因との関連と似た関連が青年期にも見られることが多く、IWMと新奇性や肯定的志向性、エゴグラムの現実性と感情統制は両時期とも有意な相関、多くは.4から.5程度の相関が見られた。特にIWMは両時期とも関連が見られる場合が多いので、成人期の影響を除いた偏相関係数も算出した。青年期のIWMと首尾一貫感覚の偏相関は有意であり（肯定的志向性も10%水準で有意）、青年期に安定した対人的枠組みをもっていることが、その後の首尾一貫感覚を培う可能性が示唆されている。現実性とレジリエンスの感情統制は重なるところがあると考えられるが、両時期とも関連が見られた。父親の暖かさは青年期にはレジリエンスに関与しない一方、成人期においては肯定的志向性や新奇性と相関関係があり、成人期に幼少期の父親にプラスのイメージをもっていることと現在のレジリエンス―その中の現在の生き方の積極性とつながりがあることが示されている。

190　V部　成人期の適応に影響する青年期・成人期の対人的要因

表8　レジリエンスの下位尺度と2時期の対人的要因との相関係数

(IWM：成人期を partial out した偏相関係数)

	IWM			養護性		現実性		父親暖	
	青年期	成人期	偏相関	青年期	成人期	青年期	成人期	青年期	成人期
新奇性	.405**	.439**	.176	.234	.289+	.040	.023	.103	.290+
感情統制	.331*	.263	.218	.143	.210	.329*	.462**	.103	.105
肯定的	.511***	.493***	.290+	.252	.164	.189	.076	.180	.390*
首尾一貫	.427**	.274+	.340*	.218	.183*	.140	.115	.054	.091
レジリエンス	.546***	.484**	.348*	.302+	.288+	.161*	.181	.194	.354*

$^{*}p<.05,\ ^{**}p<.01,\ ^{***}p<.001,\ ^{+}p<.10$

Ⅳ．討論

　本研究では1994年看護短大3年時に質問紙調査に回答した者40名に、17年後に縦断的な調査を行った。質問紙調査は青年期・成人期の2時期にほぼ同じ質問項目—IWM、及びそれとの関連が予想される対人的認知（エゴグラムのNP（養護性）とA（現実性）、子ども時代の両親の認知）、生育過程の各時期の全体的印象—で行い、成人期に関しては現在の適応を見る尺度として時間的展望、レジリエンス、生活満足度の3つの指標をつけ加えた。

　2時期の結果の比較については、これまでも縦断的な検討を行い、2時期間の得点間の相関はかなり高いことが示されてきたが、更に時期が隔たった今回も同様の結果であった。

　以下に成人期の適応感を規定する対人的要因は何かの問題について2点述べる。

1）成人期の適応感を規定するのは現在の要因か、青年期の要因も関与するのか

　2時期の対人的要因と適応感との関連に関しては、成人期のIWMや養護

13章 成人期の適応に影響する青年期・成人期の対人的要因　191

性、父親の暖かさが成人期の適応感の３つの指標との間にプラスの相関が見られたが、それだけでなく、青年期の対人的要因も成人期の適応と関連すること、時に相関の値が成人期を上回る場合もあることが示された。IWM はその後の適応に関与するとされているが、本研究では17年間という長い間隔を経ても、以前の対人的枠組みのあり方が適応に影響することを縦断データにより実証的に示すことができた。更に重回帰分析でも、時間的展望には成人期の IWM が大きく寄与している一方、レジリエンスと生活満足度では青年期の要因の寄与の方が大きいという結果だった。

　適応感の１指標のレジリエンスに関しては４つの下位尺度との関連についても検討したところ、ここでも成人期の要因との関連と似た関連が青年期にも見られることが多く、青年期に安定した対人的枠組みをもっていることが将来のレジリエンスにつながることが示された。特に青年期の IWM は現在の首尾一貫感覚との関連に関して、成人期の影響を除いた偏相関係数においても有意であり、対人的枠組みの安定性がより広範な世界に対してもたれる「把握可能感・処理可能感・有意味感」に長期的な影響を与えることが示唆されている。安定した IWM をもっているということは、その時々の適応にとどまらず、うまくいかない時にも挫けずに対処していけるというレジリエンスが含まれていると考えられるが、そのことを実証的に示すことができたといえる。

２）生育過程での父親のとらえ方と適応感

　１）で述べた様に、IWM や養護性は青年期のあり方が現在の適応感に影響する場合が多かったが、子ども時代の父親の認知に関しては、現在の認知が適応感と関連する一方、青年期の認知とは関連性は見られなかった。レジリエンスの下位尺度別の検討でも、青年期と成人期の対人的要因はほぼ同様の関連を示していたが、父親の暖かさに関しては、成人期に認知された父親の暖かさは肯定的志向性や新奇性と有意な相関関係がある一方、青年期には

関連は見られなかった。成人期に幼少期の父親にプラスのイメージをもっていることがレジリエンスの中の積極的な生き方とつながり、このことが生活満足度との関連をもたらしていると考えられる。

　父親との関係がよい女子青年は適応的であることを示す研究は多く（例えば伊藤（2001））、また女子青年において父親と親密な娘はレジリエンスの新奇性や肯定的未来志向が高い傾向が報告されている（山岸, 2010）が、成人期女性でも同様な傾向が見られることが示された。但しその関係は青年期のIWMが成人期の適応を規定するというような、長期的な影響とは異なるといえる。

　本研究では青年期に測定された対人的要因が17年後の成人期の適応を規定しているかを縦断的なデータによって検討し、現在の対人的要因だけでなく、17年前の要因も関与していることを示すことができた。縦断研究は過去のデータについては取り直すことはできないため、不備がみつかっても基本的に以前と同じ質問項目を使わざるをえないという限界があるが、限られた要因ではあるが青年期の対人的要因と成人期の適応との関連についての長期にわたる影響を明らかにすることができたと考える。但し本研究で得られた結果は、本研究の対象が全員女性且つ看護系短大の卒業生であり、全員が看護職としての経験をもち、現在もその仕事を続けている者も多いという特殊性が関与している可能性があることをつけ加えておきたい。より偏りのない対象でも研究がなされることが望まれる。

14章　内的作業モデルが仕事への取り組み方に及ぼす影響
ー青年期から成人期の17年間の縦断的研究ー
（研究12）

Ⅰ．問題と目的

　精神的に健康な大人について尋ねられた Freud が端的に "Lieben und Arbeiten" と答えたという話は有名だが、成人期の精神的健康を考える時、充実した職業生活を送ることは重要な要因と考えられる。我々が充実した職業生活を送ることに関与する要因は何だろうか。職務満足に関する要因は基礎的理論を提示した Herzberg（1959）によれば、達成や承認など仕事に付随する満足に関する要因（動機づけ要因）と、作業条件や職場での対人関係、賃金など不満足に関する要因（衛生要因）からなるとされ（高橋, 1999）、その後多くの研究がなされ、個人の要因として自尊心や自己効力感（高橋, 1999）、社会的スキル（三輪他, 2010）、心理的ストレス（島津, 2004）、性格傾向（高橋, 1999、諸上, 2012）等が指摘され、看護師の職務満足に関する研究も多い（平田ら（2012）、荒木ら（2014）がレビューを行っている）。

　発達心理学の観点にたてば、仕事において満足が得られるかどうかは成人期の発達課題（Erikson, 1964、Havighurst, 1972）の問題であり、それまでの発達課題の達成のあり方や自我の成熟度が関与すると考えられる。また職業観や自分および他者との関係のとらえ方、あるいは家族他の支援等様々な要因が関与していると考えられる。Gilligan（1982）が指摘したように、対人的志向性が高い女性の場合は、充実した職業生活を送る上で、まわりの人と良い関係を作ることが特に重要だし、子育てを中心的に担う女性が職業生

194 V部 成人期の適応に影響する青年期・成人期の対人的要因

活を続けるためにはまわりの人から支援を得ることも必要とされる。本研究
では職業生活への満足度や仕事への態度と関連するものとして、対人的な情
報を処理し対人的な行動をする際に使用される対人的枠組み（内的作業モデ
ル）を取り上げ、仕事への取り組み方との関連について検討する。

　Bowlby（1973/1976）は、我々は養育者等の他者との相互作用から内的作
業モデル（IWM）を構成し、それに基づいて対人的情報を処理し、予測・
計画するため、どのようなIWMをもつかによって対人的行動や適応が規定
されるとした。従って成人期の職業生活への満足度や仕事への態度にも
IWMが影響することが考えられるし、現在のIWMと共に過去に持ってい
たIWMとの関連も予想される。

　IWMと仕事への満足度との関連については、Hazan & Shaver（1990）が
670名の成人（内522名は女性）に質問紙法で検討した研究があり、現在安定
したIWMのSecure型である者は仕事への満足度が高く、不安定なAmbiv-
alent型のものは満足度が低いこと、不安定なAvoidant型は同僚との関係以
外は満足していること、愛と仕事のバランスに関しては、Avoidant型は仕
事を重視することが示されている。Werner & Smith（2001）も長期の縦断
的研究で、40才時の仕事への満足度を予測する要因として、18才時に家族に
対してもたれる安心感がプラス、両親の問題がマイナスに関与すると報告し
ている（ただしIWMの指標は使われていない）。本書12章では看護学生を
対象に、青年期から成人期にかけて19年間の縦断的データに基づいて、40代
の女性9名を対象に検討を行っている。青年期に記述された生育史に基づい
て、生育過程の良好さから良好群―小問題群―問題群に分けたところ、良好
群の3名は仕事に対して充実感をもっていること、小問題群は反対に仕事よ
りも家庭が重要とする者が多いことが示された。問題群は進路の決定要因が
自立の手段であったという特徴が見られた。6章の研究も上記と同じデータ
を用いて、青年期から成人期にかけてのIWMのあり方から4つのタイプに
分けて適応感との関連を検討し、IWMが以前よりも安定した群は夫に満足

し仕事よりも家庭を重視することが多い一方、不安定になった群は夫との関係に問題を感じ、仕事に対する熱意が語られることが多いことを報告している。

　以上のように、IWMと仕事への態度との関連に関する研究はいくつかなされているが、現在のIWMとの関係だけであったり、両親との関係等IWMと近いがIWMの指標ではなかったり、被調査者の数が少なく、仕事への思いの分析も主に家庭とのバランスの観点からで分析も簡単なものであるという問題があった。本研究では看護学生の時に調査を行った者を対象に17年後の縦断的検討を行う。その際1）現在のIWMだけでなく青年期のIWMも視野に入れて、成人期の仕事への態度－取り組み方との関連を検討する　2）仕事への取り組み方について、面接調査によってより詳しい分析を行う。3）6章、12章でも一定の結果を得たが、対象者が少ない等充分なものではないので、青年期から縦断的にデータを取っている別のコホート（データ数が12章の約2倍ある）で検討するという改良を加えた上で、青年期と成人期の内的作業モデル（IWM）が成人期の仕事への取り組み方とどう関連しているのか、2時期のIWMが成人期の仕事への取り組み方にどう影響しているかについて検討を行う。

II．方法

1．被調査者

　看護系の短大3年時（1994年）に生育史の記述と質問紙調査に回答した者（99名）の内、連絡がとれた者に調査の依頼をした（なおこのコホートは、1994年以外に1996年、2001年、2005年にも調査を実施している）。質問紙調査に40名が回答し、その内面接調査にも応じた19名を対象とした。年齢は37～39才。看護師9名、保健師4名、看護教員1名、養護教諭1名、パート職（看護職）3名、専業主婦1名（結婚までは看護師）。既婚者12名（内1名は離婚）、未婚者7名（内2名は婚約中）、子どもがいる者11名である。

196　Ⅴ部　成人期の適応に影響する青年期・成人期の対人的要因

２．調査時期

質問紙調査－１回目　1994年５月　今回－2011年７月から８月。
面接調査－2011年８月から９月。

３．手続き

・質問紙調査－同窓会名簿に現住所を開示している者に質問紙調査の依頼を
　　　　　　し、同意した者に質問紙を郵送して郵送法で回収した。
・面接調査－質問紙調査時に面接の依頼もし、協力の意思を示した者と連絡
　　　　　　をとり、日程と場所の調整をして母校の演習室（１名は著者の
　　　　　　現在の研究室）で面接を行った。実施前に研究協力についての
　　　　　　同意書に記入してもらった。所要時間は40分～１時間程度。同
　　　　　　意を得て IC レコーダーに録音し、書き起こした。

４．調査内容

【質問項目】縦断研究は1994年と同じ質問項目と、新たにいくつかつけ加え
て行われてきたが、本研究では現在の対人的枠組み（IWM）のみを使用す
る。詫摩・戸田（1988）が Hazan & Shaver（1987）を参考に作成した
IWM 尺度18項目（安定、アンビバレント、回避に該当する項目６ずつ）に
ついて５件法（とてもあてはまる５～全くあてはまらない１）で尋ねる。
【面接】卒業後どのように過ごしてきたか、その経過及び印象的だったこと、
つらかったこと・大変だったことは何か。自分にとって仕事とは何だったか、
仕事がもつ意味。子育てがもつ意味。他者のもつ意味はなにか。自分は変わ
ったか、何によってどう変わったか。自分にとって重要だったこと、大切に
してきたことは何か。今気にかかっていること、充実感を感じていることは
何か等について、半構造化面接を行った。

５．倫理的配慮

　11章参照。なお面接した者全員の情報を開示する論文のため、匿名で且つ
個人が特定されないように特に配慮し、職種や既婚・未婚等の情報は載せず、
語りの概要についても特定化される可能性がある情報は曖昧化するようにし

た。

Ⅲ．結果

1．2時期のIWM得点の変化によるグループ分け

Secure、Ambivalent、Avoidant の6項目をそれぞれ合計し、今までの研究と同様2時期のIWM得点－Secure－（Ambivalent＋Avoidant）/2を算出した。そして1994年と2011年の両時期の得点のあり方や得点差から、次の群を設定した（なお高得点群、低得点群の基準は、2時期の全体の平均値が各3.68，4.32であることから4±4から設定した）。

高得点群－2時期共8点以上。

上昇群－　2011年の得点－1994年の得点≧5点

下降群－　2011年の得点－1994年の得点≦－5点

低得点群－2時期共マイナス値。

その他群－上の4群以外。高得点、低得点群ではなく、上昇・下降群の
　　　　　ような大きな変化もない。

なお、高得点群で且つ上昇群・下降群でもある者がみられたが（⑱と①）、15点から20点、19点から14点への変化であり、2時期とも高得点で変化も5点と小さいため、高得点群とした。5群の該当者は、各々9名、3名、2名、4名、1名であった。

2．仕事への取り組み方の分類

面接の語りの中から、過去から現在の仕事への取り組み方、仕事に対する思い（やりがい感や自分にとっての意味・重要性）を中心に、仕事に対する自信や自己効力感、職場の人間関係、これからの展望、家庭と仕事の両立やワークライフバランス、家族の協力等、仕事に関する語りを抜き出した（限られた質問以外は本人にまかせたので、本人が語りたいことが語られ、上記全てが語られているわけではない）。

198　　Ⅴ部　成人期の適応に影響する青年期・成人期の対人的要因

表1　仕事への取り組み方の分類の例

肯定的取り組み群
A．仕事にやりがいや自己効力感をもち、充実・満足している
仕事が楽しい。こんなにはまるとは思わなかった／大変だけどやりがいはある。仕事をしていると充実感を感じる
B．充実感がないわけではないが、現状を色々変えたりしてきた（現在も模索中の人も含む）
迷ったりしながらスキルをあげるために外国に行ったり、女性としての生き方を考えたり一生懸命やってきた。このまま仕事だけでいいのか、女性としての生き方も充実させるのか迷っている
否定的取り組み群
C．仕事が自分に合わない
仕事はきちんとやっているが達成感もやりがいもない。人の上にたつのが苦手だが、そのような立場にあり苦痛。一人でやる職人みたいな仕事がむいているのかもしれない
D．続けてはいるが、充実感はなく、ずっと続けていく気持ちではない
仕事は楽な気持ちでできるし、辛いことはないが、定年までやるかと言われれば微妙で、50才すぎてやっているイメージはない
E．仕事にやりがいがない
看護職で頑張っている友人を見ると、虚しい気分になる。私も看護師であれば誰かの役にたっていられたのに、何でこんなことをしているのだろうと思う
F．しっかりできるという自信をもてない
仕事をはじめて1年で、今の医療についていけず、スムースにいかない。ついていけるのか不安を感じている

　19名分の語りから、似ているものをまとめる形で分類を行った。まず肯定的取り組み群と否定的取り組み群に分け、更に肯定的取り組み群は、A.仕事にやりがいや自己効力感をもち、充実・満足しているという語り／B.充実感がないわけではないが、現状を色々変えたり模索してきたことの語り（現在模索中の人も含む）の2タイプ、否定的取り組み群は、C.仕事が自分に合わないという語り／D.続けてはいるが、充実感を感じられず、ずっと

続けていく気持ちではない／E．仕事にやりがいがない（Dは自分に問題が
ある　Eは仕事に問題があるというニュアンス）／F．しっかりできるという
自信をもてない　の４つのタイプに分類された。それらの例を表１に示した。

　心理学研究者に以上の基準と例を提示した上で分類を依頼し、２名の一致
率を見たところ、一致率は19名中18名（94.7％）で、ケース⑯のみ「肯定的
取り組み群」Bとする者と「否定的取り組み群」Eとする者に分かれた。⑯
は看護職本来の仕事は充実していたが、現在はそれとは異なった仕事が増え、
その仕事には問題を感じているとする語りで、２種の仕事の語りのどちらに
重みを置くかによって異なった分類になったと考えられる。仕事が充実して
いたとする語りは主として以前の調査で語られていたもので、本調査だけで
は必ずしも明確ではないため、本研究では否定的取り組み群のE「仕事にや
りがいがない」に分類することとした。その結果、19名の語りは肯定的取り
組み群の者10名と、否定的取り組み群の者９名に分類された。

３．肯定的取り組み群と否定的取り組み群の２時期の IWM 得点及び変化の パターン

　表２は仕事への取り組み方の２群（肯定的取り組み群と否定的取り組み
群）別の、青年期と現在の IWM 得点の平均値と、一元配置の分散分析の結
果である。肯定的取り組み群の方が青年期・現在とも IWM 得点が高い
（５％水準で有意）ことが示されている。２群別の IWM 得点の変化のパタ

表２　仕事への取り組み方の２群別の２時期の IWM 得点：
平均値（標準偏差）と分散分析の結果

	肯定的取り組み群	否定的取り組み群	分散分析（F 値）
1994年	9.50(7.04)	−2.78(15.73)	5.00*
2011年	10.60(5.93)	−2.67(13.87)	7.64*
N	10	9	

*$p < .05$

200 　Ⅴ部　成人期の適応に影響する青年期・成人期の対人的要因

表3　仕事への取り組み方の2群とIWM得点の変化のパターン

	肯定的取り組み群	否定的取り組み群	計
高得点群	7	2	9
上昇群	2	1	3
下降群	1	1	2
低得点群	0	4	4
その他群	0	1	1
計	10	9	19

ーンの様相は表3である。IWM得点が高得点の群9名の内7名が肯定的取り組み群であるのに対し、低得点群は4名全員が否定的取り組み群であり、青年期・成人期共IWM得点が高い者は仕事への取り組み方が肯定的なこと、低い者は否定的なことが示された。

4．肯定的取り組み群の特徴

　肯定的取り組み群に分類された各事例の、2時期のIWM得点、変化のパターンと面接での仕事に関する語りの概要を表4に示した。

　肯定的取り組み群は3．でも述べた様に、青年期のIWM得点が高く成人期も高い者―高得点群が多い（10名中7名）。高得点群の7名はいずれも「仕事にやりがいを感じて楽しい」としたり、あるいは「大変だったり迷ったりすることもあったが、これからも一生懸命やっていきたい」としており、仕事への取り組みが肯定的であった。

　それ以外の3名は、上昇群（ケース⑤⑥）と下降群（ケース②）であった。⑤は仕事の充実感と共に「尊敬できる主任さんのもとで働いて、看護師として大きくなれた。その主任さんのようになりたい」と言っている。⑥は訪問看護のベテランになっていて、「病院とは違った、治療優先ではなく生活の中の看護」の魅力や「生活のベースについて一緒に考え整えていく」ことのやりがい、後進を育てることの苦労と魅力について語っていた。②も看護に

14章　内的作業モデルが仕事への取り組み方に及ぼす影響　201

表4　肯定的取り組み群の取り組みのタイプ、2時期の IWM 得点、変化のパターン及び面接での仕事に関する語りの概要

Case番号	取組みのタイプ	1994	2011	変化のパターン	仕事に関する語りの概要
①	タイプA	19	14	高得点群	仕事はやりたいことで楽しいし、すごく自分のためになり、やらないとつまらないだろうと思う。子どもの成長の変化を見るのも楽しいし、仕事もあって家庭もあって自分があると思う。
②	タイプA	13	1	下降群	仕事が楽しい。こんなにはまるとは思わなかった。（いつ頃から？）臨床でて、看護ってこんなに自分で考えて、自由に接することができるのかと思った。仕事の充実感が大きく、友人や楽しみをないがしろにしてきたかもしれない。彼も仕事のための安眠枕という感じである。
③	タイプA	12	8	高得点群	大変だけどやりがいはある。仕事をしていると充実感を感じる。産休中は楽しくそれなりに幸せだったが、早く復帰したいとも思っていた。
④	タイプA	9	12	高得点群	病院は夜勤があるので、公務員として勤めている。これまでと違う仕事内容もあって大変だが楽しい。家庭があって仕事がある、家族のために頑張って働いているという気持ちだが、生きがいとまではいかないけれど、充実して仕事をしたいので、勉強している。
⑤	タイプA	−1	4	上昇群	家の事も忘れて没頭できる、そういう時間が必要だと思う。自分が勉強したことを患者さんに還元できたり、試行錯誤してわかってもらえた時とか、すごく嬉しいし、やりがいがある。尊敬できる主任さんのもとで働いて、看護師として大きくなれた。こんな風になりたいと思う。

⑥	タイプA	−4	5	上昇群	訪問看護の仕事は病棟とは違った魅力があり、仕事に充実感を感じている。運営にもかかわっていて、大変だがやりがいがある。
⑦	タイプB	14	20	高得点群	迷ったりしながらスキルをあげるために外国に行ったり、女性としての生き方を考えたり一生懸命やってきた。仕事は頑張っている内に楽しくなってきて、責任も重くなってきている。仕事は重要だが、このまま仕事だけでいいのか、女性としての生き方も充実させるか迷っている。
⑧	タイプB	14	15	高得点群	色々職場を変えたりしながらその時々で考えてやっている。自分は自分でいいんだ、無理をしなくてもいいと思うようになり、肩の力が抜けた。私生活を楽しみながら、仕事も充実させていけたらいいと思う。
⑨	タイプB	11	15	高得点群	はじめは大変でつらかったが、試行錯誤しながらがんばってきた。何か違うと思って部署を変えたり、海外に行ったりした。余裕がでてきて、人のことを考えられるようになった。人が好きだからずっと仕事を続けたい。
⑩	タイプB	8	12	高得点群	同僚・上司・後輩に恵まれ管理職にもなったが、以前から目指していることをやるために大きくふみだした。しかし諸事情で戻ることになる。現在の仕事はやりたい仕事と少し違うが、自分の好きなようにできることは楽しい。でもまたやりたいことに向けて勉強しようと思っている。

ついて深く考え、多くのことを学んだと述べている。「結婚も育児もある意味患者さんを見ていく上で大きな勉強になる」と仕事中心の生き方をしている一方、「仕事と育児が対立した場合は子どもをとる。患者さんを見ていて、身近な人との関係を大切にすることが自分を大切にすることになることを学んだ」と、仕事を通して生き方に関する考え方が変化したことが述べられて

14章 内的作業モデルが仕事への取り組み方に及ぼす影響 203

いる。この3名は2時期とも高得点というわけではないが、やりがいのある仕事に出会い、仕事を通して人間的に成長しているといえる。

タイプに関しては、タイプAは高得点群だけでなく他の群の者も見られたが、タイプBは全員が高得点群であり、「仕事が充実し満足している」とする者より「充実感がないわけではないが、現状を色々変えたり模索してきた」者の方が青年期・成人期ともIWM得点が高い場合が多いと言える。

以上のように、肯定的取り組み群は、青年期－成人期共IWMが高かった者と、両時期共にIWMが高いというわけではないが、やりがいのある仕事に出会って人間的に成長した者といえる。

5．否定的取り組み群の特徴

否定的取り組み群に分類された各事例の、2時期のIWM得点、変化のパターンと面接での仕事に関する語りの概要を表5に示した。

否定的取り組み群は、青年期にIWM得点が低かった者が多い（最も低かった者から5名が該当している）。その内4名（ケース⑪、⑬、⑭、⑯）は低得点群で現在も得点は低く、一方⑮は大きく得点を上昇させている。この5名は全員仕事を継続してきており、キャリアを積んできでいるが、⑪⑫はタイプC（仕事が自分に合わない）、⑬⑭はタイプD（続けてはいるが、充実感はない）、⑯はタイプE（現在の仕事に問題を感じている）であり、タイプF（自信がない）はみられない。タイプC（仕事が自分に合わない）は2名共「職人的な一人でやる仕事がしたい」「部下の指導というような人の上に立つことが苦手」と述べており、対人的なことが苦手でIWM得点が低いことと整合的な語りといえる（但し⑫は現在はIWM得点が上昇している）。

一方否定的取り組み群の上記以外の者は、3名は青年期のIWM得点が高く、その内の2名は高得点群（ケース⑰⑱）、1名は下降群（ケース⑲）であり、他の1名はその他群（⑮）で2時期での得点変化がない者であった。

204　Ｖ部　成人期の適応に影響する青年期・成人期の対人的要因

表 5　否定的取り組み群の取り組みのタイプ、2 時期の IWM 得点、変化のパターン及び面接での仕事に関する語りの概要

Case 番号	取組みのタイプ	1994	2011	変化のパターン	仕事に関する語りの概要
⑪	タイプC	−23	−20	低得点群	仕事はきちんとやっているが達成感もやりがいもない。やめる理由がないからやっているにすぎない。そういう気持ちでやってはいけない仕事だと思う。人の上にたつのが苦手だが、そのような立場にあり苦痛である。(何が向いているのか) 一人でやる職人みたいな仕事が向いているのかもしれないが、かといってやろうとは思わない。看護師を続けるつもりはないが、やめて次のことを考えたくない。
⑫	タイプC	−22	−3	上昇群	それなりに仕事はしっかりやっていると思うが、部下の指導等に苦手意識がある。患者さんとのコミュニケーションは楽しいが、得意なわけではない。楽しいと思う時もあるけれど、本当は職人的な一人でやる仕事がしたい。
⑬	タイプD	−13	−22	下降群	仕事は楽な気持ちでできるし辛いことはないが、定年までやるかと言われれば微妙である。休みもとれるし、子どもにお金がかかるので続けているが、これから責任も出てくるし、50才すぎてやっているイメージはない。(両立できているか) 家庭を重視している。そんなに仕事に比重はない。
⑭	タイプD	−7	−9	低得点群	たまに辞めたいと思う。このままずっと定年まで看護師なのか、違うことをしてまた戻るというようにしたい。年をとって夜勤はきつい。でも結局いい職はない。4 月から部署が変わり、覚えることがいっぱいで大変である。
⑮	タイプE	0	0	その他群	看護職で頑張っている友人を見ると、虚しい気分になる。私も看護師であれば誰かの

					役にたっていられたのに、なんでこんなところで夫の仕事の下働きをしているのだろうと思う。でも結婚を後悔したら子どもに会えなくなるので、後悔しないようにしている。
⑯	タイプE	−7	−10	低得点群	段々力がついてきて企画を通すこともできるようになってきた。しかし経営会議等、本来の仕事以外がとても大変で充実感をもてない。上層部のやり方に問題を感じているが、それを動かす力もない。よい方向ではないと危惧している。
⑰	タイプF	12	11	高得点群	部下の指導等責任が大きい仕事がうまくいかず、しんどくて退職した。自分だけ逃げたと感じて自分を責め、つらい思いをした。今の仕事はやりがいがないというわけではないが、長いスパンで得られる達成感はない。以前の仕事はやはり魅力的だが、戻る自信はない。
⑱	タイプF	15	20	高得点群	出産後しばらく働いたが通勤が大変で専業主婦になった。その後派遣でのバイトやパートを少ししている。現在は子どもが生活の中心で、小学校にあがるまでは一緒にいたい。看護職として中途半端で、自信がもてないままきている。
⑲	タイプF	20	3	下降群	仕事を始めて1年で、今の医療についていけず、スムースにいかない。仕事だけでなく、課題や研究もあり、ついていけるのか不安を感じている。でもまわりは応援してくれるし、段々増やしていきたいと思っている。家庭を重視しているが、看護の知識や技術を深めたいし、家計の助けにして子ども達に色々なことをやらせてあげたいと思う。

青年期の IWM 得点が高かった 3 名は全員タイプ F の「仕事に自信がもてない」者であった。⑰は職場での経験がトラウマになり正規で働かずにいるが、「以前の仕事はやはり魅力的…、でも戻りたいとはいえない」と述べている。⑱は専業主婦になり、その後派遣でアルバイトをしたりしているが、仕事を辞める前からしっかり仕事ができていないように感じていて「自信がなかった」としている。⑲は子育て上の問題で専業主婦生活を送り、最近になって働きだしたこともあり、まだ仕事に自信をもてないことが述べられている。否定的取り組み群に関しては、「仕事が自分に合わない」「仕事にやりがいが感じられない」というタイプ C、D、E と、「現在仕事に自信を持てない」タイプ F では様相が異なり、前者は青年期（あるいは成人期も）の IWM が低い一方、後者は IWM 得点が高い場合が多いことが示された。

Ⅳ．考察

　本研究では、成人期の仕事への取り組み方に関して、現在の IWM だけでなく、17年前の看護学生だった青年期の IWM との関連も視野に入れて、prospective な手法でそれらの関連を検討した。2 時期の IWM については質問紙、現在の仕事への取り組みについては面接調査のデータに基づいて、先行研究である山岸（2013：12章）よりデータ数が約 2 倍ある別のコホートで、より詳しい分析を行った。青年期・成人期の IWM 得点から、高得点群／上昇群／下降群／低得点群／その他群の 5 群に分け、仕事への取り組み方に関しては肯定的取り組み群／否定的取り組み群の 2 群、更に各 2 タイプ／4 タイプに分けて、その関連を検討した。

　その結果、肯定的取り組み群の方が青年期・現在とも IWM 得点が有意に高く、高得点の群 9 名の内 7 名が肯定的取り組み群であるのに対し、低得点群は 4 名全員が否定的取り組み群であることが示された。山岸（2014：13章）では質問紙で測定された成人期の適応（時間的展望（白井, 1994）、レジリエンス（山岸他, 2010）、生活満足度）に成人期の IWM 得点だけでなく青

年期のあり方も関与している事が示されたが、成人期の仕事への取り組み方にも、現在だけでなく青年期の対人的枠組みも影響することが示された。IWM 得点が高い者は同僚だけではなく患者ともよい関係を作りやすく、仕事に適応し、やりがいや充実感を感じることが多い一方、IWM 得点が低く対人的に不安をもったり回避的な者は、対人的な接触が多い看護職への取り組み方が否定的になりやすいと考えられる。

　肯定的取り組み群の中では、「仕事が充実し満足している」（タイプA）とする者より「充実感がないわけではないが、現状を色々変えたり模索してきた」（タイプB）者の方が青年期・成人期とも IWM 得点が高い場合が多い傾向が見られた。IWM 得点が高い者の中には、仕事にやりがいや充実感を感じるだけでなく、更によりよいものを求めて色々なことにチャレンジしようとする者がいるといえよう。

　肯定的取り組み群の中には IWM 得点が高くない者も見られたが、それらの者はいずれも本人にとってよい仕事に出会い、仕事を通して人間的に成長していることが語られていた（②⑤⑥）。②は IWM を大きく下降させているが、仕事に熱中して看護への取り組みが深まる一方、仕事に没入するあまり「友人や楽しみはないがしろにしてきた」ことが関係していると推察される。

　否定的取り組み群は、青年期の IWM 得点が低かった者が目立った。対人的に不安をもちやすかったり回避的な者は対人的な接触が多い看護職には向かない可能性があるが、タイプC、Dの者は「仕事が自分に合わない」と思いながら仕事を続け、あるいは「続けてはいるが、充実感はない」と語っている。「職人的な一人でやる仕事がしたい」「部下の指導というような人の上に立つことが苦手」といいつつ仕事を続けるのはつらいのかもしれないが、それでも仕事はきちんと有能にこなしており、⑫は長く看護の仕事をしている内に患者と良い関係をもつことで自他の枠組みが変化したのか、IWM 得点を大きく上昇させている（本稿では触れないが、この上昇は母親との関係

が大きく変わったことも関係していると思われる）。タイプDはCのように「仕事が自分に合わない」と明確に述べることはないが、看護の仕事から充実感を得られないのは仕事が自分に合わない可能性がある者、タイプEは「仕事が自分に合わない」というより、現状では自分に合った仕事ができずやりがいが感じられないという者である。⑯は本来の看護職の時は充実していたが、現在の仕事には問題を感じていること、⑮は夫の仕事の下働きでやりがいが感じられないということが語られた。この2名はIWM得点は高くないが、現在の状況が否定的取り組みをもたらしており、本来の看護職に就ければ肯定的になる可能性が考えられる。

　タイプFの「仕事に自信がもてない」者は3名共青年期のIWM得点が高かった。3名は全員非正規雇用であり、⑰は職場での経験がトラウマになり正規雇用を避け、⑱⑲は専業主婦になり、その後非正規で看護職に就いている者である。⑱は出産で仕事を辞める前からしっかり仕事ができていないように感じていて「自信がなかった」としているし、⑲は子育て上の問題で専業主婦生活を続け、最近になって働きだしたが、ブランクのためにまだ仕事に自信をもてないことが述べられている。この3名が否定的取り組み群とされたのは、タイプCやDのような「仕事が自分に合わない」ということではなく、「現在仕事に自信を持てない」ことから充実感や満足感がもてないのであり、自信を失わせることがあったり、仕事を中断したというような外的な理由によるといえる。彼女たちはキャリアを積み仕事に習熟してくれば肯定的取り組み群になると考えられる。事実この群はIWM得点も高得点群2名、もう1名も青年期は最高得点であり（⑲が成人期に大きく下降しているのは、本稿では触れないが子育て上の問題や苦労が関与していると思われる）、IWM得点に関しては肯定的取り組み群と似ており、状況が少し変わることで肯定的取り組み群に変わる可能性が考えられる。

Ⅴ．結論

本研究では、まだほとんどなされていない青年期から成人期にかけての prospective な検討を看護短大生を対象に行った。1994年と2011年の２時期の IWM 得点から、高得点群／上昇群／下降群／低得点群／その他群の５群に分け、仕事への取り組み方に関しては肯定的取り組み群／否定的取り組み群の２群、更に各２タイプ／４タイプに分けて、その関連を検討した。主な結果は次の通りであった。１）肯定的取り組み群の方が青年期・現在とも IWM 得点が有意に高く、高得点群が多く否定的取り組み群は低得点群が多い。２）肯定的取り組み群は高得点群の者が多く、またやりがいのある仕事に出会って人間的に成長した者もみられる。３）否定的取り組み群には、「仕事が自分に合わない」ために否定的な者と「仕事に自信を持てない」タイプがあり、前者は青年期（あるいは成人期も）の IWM が低い一方、後者は IWM 得点が高い場合が多い。成人期の仕事への取り組み方に対して、現在の IWM だけでなく青年期の IWM も影響しており、また成人期の状況要因－やりがいのある仕事に出会えるか、あるいは本人の仕事への熟練度－も関与していることが示された。

なお本研究の対象者は全員が看護職の経験がある者であり、母集団に偏りがあるが、青年期から成人期の職業経験に一定程度の共通性かあることは、異なったタイプを分析する上では適切だったと考える。但し他の職業に関しても検討することが望まれる。

今後は、発達的な変化や状況の変化によって更にどうなっていくのか、縦断的な検討を続けていくことが望まれる。また今回は1994年と2011年の２時期に分析を限ったが、1994－1996－2001－2005－2011年の５回の調査全てに参加してきた者８名や４回の調査への参加者７名を対象に、どのような出来事が後のことにどう影響しているのかを、仕事以外の他者との関係等も視野

に入れてより詳細に検討していくことも、生涯発達心理学の重要な課題と考える。

VI部　結　論

前著（山岸, 2006a）では、看護学生時代に生育史を記述しIWM等の質問紙調査に回答してもらった2つのコホート（初回は各41名、99名）に、初期成人期までの縦断的研究（卒後2〜4年後及び7年後）を行い、その結果について論じた。本書はそれに引き続いて縦断的研究を成人期にまで発展させ、11年後及び17〜19年後の縦断的研究を行ったものである。今回の縦断的研究では前回とは異なって、面接調査も施行して被調査者に自分の人生について語ってもらい、詳しい質的検討も行った。また青年期から成人期にかけて17〜19年という長期にわたるデータを駆使して、長期縦断研究ならではの様々な検討を行ってみた。

以下に12の研究、そして全体を通して得られた結論について述べる。

研究1（3章）では11年の間隔をおいて語られた2回の過去の語り―学生時代の生育史の記述と30代の面接での語り―を比較して、本人がどう感じるか、その印象について検討を行った。その結果、同じことが語られているという印象をもつ者が多い一方、語りが異なるという印象も多かった。全体的には「〜は同じだが、〜は違う」という回答が多く、「記憶にない」あるいは「今はそう思わない」というような回想内容の変化が8割の者に見られた。内容が変わったことについては、「何でこんなに変わったのかわからない」とする者が見られる一方、違ったことの意味づけをし、自分なりに解釈しようとする者も見られ、過去の再構成だけでなく、過去のとらえ方の変化も現在もつ自分の物語にあわせて説明される場合があることが示された。

研究2（4章）では20代から30代の4時点でIWMに関する質問紙と自分の変化についての自由記述の調査を縦断的に行い（prospectiveなデータ）、30代の時点でそれらの時期を振り返って語られたもの（retrospectiveなデータ）との関連について検討を行った。その結果、1）各時点で測定されたIWM得点の変化と、被調査者が記述した自分の変化（肯定化／否定化）に関連がある、2）当時の変化のタイプと、後の回想でのその時期の語りのタ

イプとの一致度は高くない、3）変化の内容については、一貫性やその人なりのテーマがある者とそうでない者があり、現在もつテーマが過去の変化のとらえ方に影響する場合も見られることが示された。

　研究1も2も、11年前の語りと現在の語りを比較して本人がもつ印象を比較したり、複数の時点でそれ以前と比べて「自分が変わったか」に関してprospective にデータを収集していき、時間が経ってから retrospective にそれらの時期を振り返って語られたものとを比較するという、今までなされてきた研究とは異なった観点・方法により、過去の語りについて検討がなされた。その結果、後に振り返る時の回想は必ずしも当時のとらえ方と同じではないことが示され、「過去の語りとは過去に実際にあった経験がそのまま語られたものではなく、語りの時点で語り手が意味づけ再構成化されたものである」とする見解が新たな視点から再確認できた。一連の研究は「過去の語り」を分析に使用しているが、「過去の語りとは何か」の一端が確認されたといえる。

　研究3（5章）では、IWMやそれと関連した対人的認知の連続性と変動性を、就職・結婚・出産と対人的環境が大きく変わる青年期後期から30代前半にかけて得られた縦断的データに基づいて検討した。1994年と2005年の得点の平均値を比較したところ、Secure と Ambivalent 得点は1994年に比べて2005年の方が有意に低かったが、4回の調査時の得点間の相関はかなり高く、対人的環境が大きく変わる時期でも IWM やそれと関連する他の変数の得点は大きくは変わらないことが示された。

　研究4（6章）では、研究3（5章）と同様 IWM やそれと関連した対人的認知の連続性と変動性を、研究3とは異なったコホートで、より長期間（19年間）の縦断的データによって検討し、また面接法も含めてより詳細な分析を行い、変化と関連する要因についても検討した。その結果、1）19年間経っても、2時期間の得点間の相関はかなり高く、過去から現在の適応感

も大きく変わる者は少なかった。2）IWM 総点は、ほとんど変わらない者が見られる一方、半数近くの者はかなり変化していた。3）2時期の IWM 総点で4つのグループ—高得点群、上昇群、下降群、低得点群—に分けて、その特徴を検討した結果、現在の適応に関する得点は高得点群と上昇群で高く、上昇群の者は夫とよい関係をもち仕事に対して熱意をもつ者が多い一方、下降群は他群よりも夫の理解が得られない等の傾向が示された。

　IWM やそれと関連した対人的認知の2時点での変化は、測定されたどの2時点でも（19年経っても）比較的少ない一方、かなり変化している者もみられた。変化と関連する要因として夫との関係と仕事への熱意が示唆された。

　研究5（7章）では、青年期の母親認知が成人期になるとどのようになるのかに関して、学生時代の生育史の記述とその11年後の面接での母親についての語りとの比較を行った。その結果、親に対する肯定的気持ちや親がもつ意味に関しては何歳になっても比較的変わらない一方、否定的な語りに関しては、青年期の様に母親に対する否定的な感情を強く表明するのではなく、自分との関係を客観的に述べる者が多いことが示された。成人期の母親認知と以前の認知との関連に関しては、今回の語りと11年前の記述が似ている場合が多く、現在の語りの肯定性—否定性と生育史の記述における関係の良好性—問題性とが関連する傾向が見られた。

　研究6（8章）では研究5（7章）の成人期のデータに関して、母親になることが自分の母親との関係や母親認知にどのような変化をもたらすのか—子どもを持ち母親になる経験の有無が母親認知にどう影響しているかの検討を行った．その結果、「母親を対象としてとらえる母親認知」においては、その言及内容が母親になっている場合といない場合で違いが見られた。乳幼児をもつ母親になっている場合には母親にどう育てられたかを見直す語りが多く見られる一方、母親になっていない場合はそのような語りは見られず，現在の自分に対する母親の行動に基づく語りが多いことが示された。

216　VI部　結　論

　研究7（9章）では研究5（7章）を発展させて、青年期に記述された母親認知と11年後に面接で語られた母親認知の関連をより詳細に分析し、またそこに働いている要因は何かを検討した。2時期の母親認知は、青年期までの良好性・問題性の観点と、成人期の認知の肯定性―否定性の観点からパターンに分け、パターン別に典型的な事例を分析し、それらの特徴とそこに関与している要因について検討を行った。

　成人期の母親認知を規定する第一の要因は青年期の記述であり、2/3の者が青年期の生育史を引き継ぐ認知をしていた。一方青年期に問題を感じていた者が、成人期には肯定的な面を語る場合も見られたが、以前否定的だったことを肯定的にとらえ直す者と、ネガティブな認知はそのままで、肯定的な面も見いだすタイプが見られた。変化に影響する要因としては、本人のものの見方の変化や母親自身の変化、そして好都合な状況（例えば一方が援助を必要とする事態にあり、他方がその援助が可能な事態にある）が起ると好転化し、反対に不都合な状況によって悪化するというように、認知発達や状況的要因が関与していた。つまり成人期の母親認知を規定するのは、生育史における問題の強さと認知的発達および状況的要因のあり方であることが示された。

　研究8（10章）では研究5-7（7-9章）の調査から更に6年が経った2011年にも同様の調査を行い、2005年（30才前半）と2011年（30才後半）の母親認知を比較し、合わせて母親群と未母親群の違いの検討も行った。その結果、30才後半になると肯定的な認知は30代前半の時よりも減り、否定的な認知が増えていた。母親に対する批判は両時期とも母親群のみに見られたが、2011年にはその数値が上昇し、また母親との関係が親密ではないという表明も母親群の方が多くなっていた。30代後半になり子どももある程度成長すると、子どもを育てたという意味での母親への肯定的認知が下がったり、色々なことが見えてきて批判的になったり、親密性が弱まる傾向が見られた。

　研究9（11章）では研究5-7（7-9章）の調査と研究8（10章）の2011年の

調査を合わせ、被調査者が成人期の経験を積む中で母親との関係は変わるのかに関して、青年期に記述された生育史において母親との関係に大きな問題が見られた事例を取り上げて検討を行った。1994年に生育史を書き、2011年に面接調査を受けた19名の内、山岸（2000）の評定に基づいて、母親との関係に大きな問題が見られた5事例を抽出した。そして彼女たちの面接での母親についての語りを分析した。その結果2名は、かつてあった否定的な文言がなくなり、母親との関係は好転化し、肯定的な関係になっていた。2名は一端好転化したが、その後の状況によって問題が生じていた。IWM得点の変化に関しては、母親との関係の変化との関連は特にみられなかった。

　母親との関係は成人期になると、否定的な語りに関しては青年期の様に母親に対する否定的な感情を強く表明することは減り、自分との関係を客観的に述べる者ようになるが、一方で30代後半になると肯定的認知が下がる者もみられた。縦断的検討に関しては、成人期の母親認知は青年期（11年前、あるいは17年前）の記述と似ている場合が多く、現在の語りの肯定性－否定性と生育史の記述における関係の良好性－問題性とが関連する傾向が見られた。その一方で、母親との関係が大きく好転化する者も見られ、母親との関係にかなり問題があっても、場合によっては修復可能なことが示された。その変化は、本人のものの見方の変化や母親自身の変化、そして状況要因が関与していることが示された。

　研究10（12章）では、青年期までの生育過程の良好さや青年期に測定されたIWMが成人期のあり方や適応とどの程度関連しているのかを縦断的データに基づいて検討した（第2コホート：19年後）。青年期に記述された生育史をまわりの他者との関係の質によって3群－良好群／小問題群／問題群、各3／4／2名－に分類し、3群別に成人期の面接での語りの分析を行った。その結果1）青年期まで良好だった者が必ずしも成人期にも良好とは限らないし、劣悪な状況を生きてきた者が成人期に適応的に生きている場合も見ら

218　Ⅵ部　結　論

れた。2）そこに関与している要因として他者とのかかわり、特に配偶者との関係やサポートが重要であり、また同性のメンターの影響も見られた。3）ただし幼少時の経験の影響は認知的・意識的には小さくなっても、行動や感情への影響はなくなってはいない。4）良好群は仕事に対して充実感をもっていることが多く、小問題群は仕事よりも家庭が重要とする者が多かった。

　研究10（12章）は少人数（9名）の質的研究であったが、研究11（13章）では、成人期の適応を規定する対人的要因について、青年期と成人期の変数がどのように関与しているかについて40名の縦断的データに基づいて数量的な検討を行った（第1コホート：17年後）。その結果、1）成人期のIWM及び父親の暖かさと3つの適応感の指標との間にプラスの相関が見られた。母親の暖かさは適応感との関連は見られなかった。2）青年期に測定されたIWMや養護性も成人期の3つの適応感の指標と関連が見られ、相関の値が成人期のものを上回るものもあった。3）青年期・成人期の関与の大きさを重回帰分析によって検討した結果、指標によっては成人期よりも青年期の要因の関与の方が強い場合も見られた。成人期の適応感を規定するものとして、成人期のIWMや父親認知の関与が示されたが、それだけでなく17年前に測定された青年期の要因も関与していることが示された。

　研究12（14章）は、青年期と成人期のIWMが成人期の職業への取り組み方にどう関与するかを縦断的なデータによって検討した。1994年と2011年の2時期のIWM得点から、高得点群／上昇群／下降群／低得点群／その他群の5群に分け、仕事への取り組み方に関しては面接での語りから肯定的取り組み群／否定的取り組み群、更に各2タイプ／4タイプに分けて、その関連を検討した。結果は次の通りであった。1）肯定的取り組み群の方が青年期・現在ともIWM得点が有意に高く、高得点群の者が多い。またやりがいのある仕事に出会って人間的に成長した者もみられる。2）否定的取り組み群は低得点群の者が多い。否定的取り組み群には「仕事が自分に合わない」

ために否定的な者と「仕事に自信を持てない」タイプがあり、前者は青年期（あるいは成人期も）のIWMが低い一方、後者はIWM得点が高い場合が多い。成人期の仕事への取り組み方に対して、現在のIWMだけでなく青年期のIWMも影響しており、また成人期の状況要因—やりがいのある仕事に出会えるか、あるいは本人の仕事への熟練度—も関与していることが示された。

　以上、各研究について明らかにされたことを簡単に述べてきたが、それらを全体としてまとめると以下の通りである。

　IWMやそれと関連した対人的認知の連続性と変動性に関して、全体として見れば測定されたどの2時点でも（17-19年経っても）相関は比較的高く、大きく変わることは少ないという意味で、Bowlbyの「IWMは変わりにくい」とする仮説に合った結果であった。一方で個々に見ればかなり変化している者もみられるという結果も、Bowlbyの「IWMは変わりうる」とする仮説に合致していた。変化と関連する要因としては、IWMが上昇した群は夫との関係がよく、下降群は夫からの理解が得られない等、夫との関係が関与していることが示された。

　母親との関係に関しても、成人期の母親認知は青年期（11年前、あるいは17年前）の記述と似ている場合が多く、現在の語りの肯定性—否定性と生育史の記述における関係の良好性—問題性とが関連する傾向が見られ、IWMだけでなく母親との関係も青年期以前の関係を引き継ぎ、持続しやすい事が示された。一方で30代後半になると、母親との関係にかなり問題があってもその関係が大きく好転化する者も見られ、修復可能な場合もあることが示された。変化に関連する要因として、本人のものの見方の変化、母親自身の変化や状況的要因が関与し、好都合な状況になると好転化し、反対に不都合な状況が起こることによって悪化することが示唆された。

　更に、17-19年という長期間の縦断的研究を行い、青年期からprospective

にデータをとってきたからこそ検討できたこととして、青年期のIWMや青年期までの生育過程の良好さが成人期のあり方や適応とどの程度関連しているかが検討された。その結果、上述の結果と同様、ある程度の関連性が見られたが、青年期まで良好だった者が必ずしも成人期にも良好とは限らないし、劣悪な状況を生きてきた者が成人期に適応的に生きている場合もあることが示された。そしてそこに関与している要因として他者とのかかわり、特に配偶者との関係やサポートの関与が大きく、また同性のメンターの影響も見られた。更に質問紙で成人期の適応の指標を増やしたり、面接で語られた仕事への取り組み方の肯定度を分析したりして、青年期及び成人期のIWMや他の対人的要因との関連についての検討を行った。その結果両時期ともIWMが関与していること、そして成人期の適応や仕事への取り組みに対する青年期の要因の関与は、時に成人期のIWMよりも強い場合もあることが示された。Bowlbyの「IWMは行動や適応に影響し、後の行動や適応にも影響する」という仮説に関しても、青年期の要因が成人期の仕事への取り組み方や適応に影響することを縦断的データによって実証的に示すことができたといえる。

　なお、2回の語りを比較させたり、prospectiveなデータとretrospectiveなデータを比較するという今までなされてきた研究とは異なった観点・方法によって、過去の語りについての検討も行った。その結果「過去の語りとは過去に実際にあった経験がそのまま語られたものではなく、語りの時点で語り手が意味づけ再構成化されたものである」とする見解が新たな視点から再確認できた。一連の研究は「過去の語り」を分析に使用しているが、「過去の語りとは何か」の一端を確認することもできたと考える。

　本研究の問題点として、ケース数が少なく、看護職を目指すという特定の集団であること、また卒後11年あるいは17-19年にわざわざ面接に来てくれる人は、現在の状況が比較的うまくいっている人が多く、現在うまくいって

VI部　結　論　221

なくても意欲をもっている人―選ばれた人である可能性が高いという問題がある。従って本研究の結果をそのまま一般化することはできないと思われる。しかし青年期までのあり方と成人期のあり方が必ずしも連続的ではなく、その後に出会った他者との関係等によって変化することを17年および19年間の縦断的データで示したこと、また成人期の適応に青年期の要因が関与していることを実証的に示したことの意義は大きいと考える。更に恵まれない状況を生きてきた者が成人期に適応的に生きていたり、生育過程で母親との間に大きな問題を感じていた者の母娘関係が好転したというように、経験の中で人は変わりうるという発達の可塑性や逆境から立ち直る力―レジリエンスにつながる知見も得ることができたといえる。

　今後発達的な変化や状況の変化によって更にどうなっていくのかについてデータを増やして検討することが必要であり、更に男性や看護職以外の女性との比較や、成人女性をめぐる状況が異なる他文化との国際比較等をすることで、成人期発達の理解がより深まると考える。

文　献

Ainsworth, M. D. S., Blehar, M. C., Waters, E., & Wall, S. (1978). Patterns of attachment: *A psychological study of the strange situation.* Hillsdale, NJ: Erlbaum.

安藤みゆき・数井みゆき（2004）．もう一人の重要な（意味ある）他者―児童養護施設出身者のライフストーリーより．茨城大学教育学部紀要（人文・社会科学、芸術），75-94.

Antonovsky, A. (1987/2001).健康の謎を解く―ストレス対処と健康保持のメカニズム．山崎喜比古・吉井清子訳，有信堂．(Unraveling the mystery of health: How people manage stress and stay well. Jossey-Boss Publisher.)

荒木彩花・永井綾（2014）．看護師の職務満足度に関する文献検討．看護展望，*39*-4, 406-415.

Barnett, R. C., Kibria, K., Baruch, G. K., & Pleck, J. H. 1991 Adult daughter-parent relationships and their associations with daughters' subjective well-being and psychological distress. *Journal of Marriage and the Family, 53*, 29-42.

Baldwin, A. L., Baldwin, C. P., Kasser, T., Zax, M., Sameroff, A. & Seifer, R. (1993). Contextual risk and resiliency during late adolescence. *Development and Psychopathology, 5*, 741-761.

Bowlby, J (1969/1976).　母子関係の理論　I 愛着行動　黒田実郎他訳　岩崎学術出版社（Attachment and loss. Vol. 1 Attachment. London: The Hogarth Press.）

Bowlby, J. (1973/1977).　母子関係の理論Ⅱ．分離不安．黒田実郎・岡田洋子・吉田恒子訳．岩崎学術出版社．Attachment and loss. Vol. 2 Separation. Basic Books: NY. (Second Edition. 1982, New York: Basic Books.)

Bowlby, J (1979/1981).　ボウルビイ母子関係入門　作田勉監訳　星和書店．(The making & breaking of affectional bonds. Tavistock.: London.)

Bowlby, J (1983/1993).　母と子のアタッチメント―心の安全基地　二木武訳　医歯薬出版．(A secure base: Clinical applications of attachment theory. Routledge: London.)

Bretherton, I. (1988). Open communication and internal working models: Their role in the development of attachment relations. Nebraska Symposium on Motivation. 57-113. Uni. of Nebraska Press: Lincoln, NB.

Cowen, E. L., Wyman, P. A., Work, W. C., Kim, J. Y., Fagen, D. B. & Magnus, K. B. (1997). Follow up study of young stress-affected & stress-resilient urban children. *Development and Psychopathology, 9-3*, 564-577.

Davila, J. & Cobb, R. J. (2004). Predictors of change in attachment security during adulthood. In W. S. Rholes & J. A. Simpson (Eds.) Adult attachment: Theory, research and clinical implications The Guilford Press: NY.

Eliacheff, C. & Heinich, N. (2002/2005). だから母と娘はむずかしい 夏目幸子訳, 白水社. (Meres filles: Une relation à trois. Albin Michel.)

遠藤利彦（2007）. アタッチメント理論とその実証研究を俯瞰する. 数井みゆき・遠藤利彦（編）アタッチメントと臨床領域 ミネルヴァ書房 1-45.

Erikson, E. H. (1950/1963). 幼児期と社会 仁科弥生訳 みすず書房（Childhood and Society. New York: Norton.）

Erikson, E. H. (1959/1973). 自我同一性－アイデンティティとライフ・サイクル 小此木啓吾訳編, 誠信書房.（Identity and the life cycle. International Univ Press.）

Erikson, E, H (1964/1971). 洞察と責任 鑪幹八郎訳, 誠信書房.（Insight and responsibility. New York: Norton.）

Fischer, L. R. (1981) Transitions in the mother-daughter relationship. *Journal of Marriage and the Family, 43*, 613-622.

藤原あやの・伊藤裕子（2008）青年期後期から成人期初期にかけての母娘関係 青年心理学研究, *19,* 69-82.

Fonagy, P., Steele, M., Steele, H., Moran, G. S. & Higgitt, A. C. (1991). The capacity for understanding mental states: The reflective self in parent and child and its significance for security of attachment. *Infant Mental Health Journal, 12*, 201-218.

George, C., & Solomon, J. (1999). Attachment and caregiving. ln Cassidy, J, & Shaver, P, R. (Eds.), Handbook of attachment. 649-670. New York: Guilford.

Gilligan, C. (1982/1986) もうひとつの声－男女の道徳観のちがいと女性のアイデンティティ 岩男寿美子監訳 川島書店.（In a different voice: Psychological theory and women's development Harvard Univ. Press: Cambridge. ）

Grossman, K. E., Grossman, K., & Waters, E. (2006). Attachment from infancy to adulthood: Major longitudinal studies. The Guilford Press: New York.

Hamilton, C. E. (2000). Continuity and discontinuity of attachment from infancy through adolescence. *Child Development, 71*-3, 690-694.

花沢成一（1992）母性心理学　医学書院.

Havighurst, R.J.（1972/1997）ハヴィガーストの発達課題と教育－生涯発達と人間形成　児玉憲典他訳　川島書店.（Developmental tasks and education. Longman: London.）

Hazan, C., & Shaver, P.（1987）. Romantic love conceptualized as an attachment process. *Journal of Personality & Social Psychology, 52*: 511-524.

Hazan, C., & Shaver, P.（1990）. Love and work: An attachment theoretical perspective. *Journal of Personality and Social Psychology, 59*, 270-280.

Henry, B., Moffitt, T. E., Capsi, A., Langley, J., & Silva, P. A.（1994）. On the "remembrance of things past": A longitudinal evaluation of the retrospective method. *Psychological Assessment, 6*-2, 92-101.

平林美都子（2006）. 表象としての母性, ミネルヴァ書房.

平田明美・勝山貴美子（2012）. 日本の病院看護師を対象とした職務満足度研究に関する文献検討. 横浜看護学雑誌, *5*-1, 15-22.

Hoffman, M（2000/2001）. 共感と道徳性の心理学　菊池章夫・二宮克美訳　川島書店.（Empathy and moral development: Inplications for carring and justice. Cambridge Universities Press.）

Holmes, D. S.（1970）Differential change in affective intensity and the fogetting of unpleasant personal experience. *Journal of Personality & Social Psychology, 15*, 234-239.

井森澄江・井上俊哉・大井京子・西村純一・齋藤こずゑ（2006）. 親子関係の生涯発達心理学的研究Ⅰ～Ⅳ, 東京家政大学研究紀要, *46*, 237-270.

伊藤裕子（2001）. 青年期女子の性同一性の発達－自尊感情, 身体満足度との関連から教育心理学研究, *49*-4, 458-468.

伊藤裕子・相良順子・池田政子・川浦康至（2003）. 主観的幸福感尺度の作成と信頼性・妥当性の検討. 心理学研究, *74*-3, 276-281.

神谷俊次（1997）. 自伝的記憶の感情特性と再想起可能性, アカデミア（南山大学）自然科学・保健体育編, *6*, 1-11.

神谷俊次（2002）. 自伝的記憶の保持に関する追跡的研究, アカデミア（南山大学）人文・社会科学編, *74*, 269-289.

金子龍太郎（2002）. 開かれた対人系」として見る生涯発達－児童福祉施設出身者の半生から虐待の世代間連鎖を防ぐモデルを見出す－. 龍谷大学国際社会文化研

226 文 献

究所紀要, *4*, 185-199.

柏木恵子・若松素子 (1994). "親となる" ことによる人格発達―生涯発達的視点から親を研究する試み―. 発達心理学研究, *5*, 72-83.

柏木恵子 (2003). 家族心理学―社会変動・発達・ジェンダーの視点 東京大学出版会

春日井典子 (1997). ライフコースと親子関係, 行路社.

数井みゆき, 遠藤利彦, 田中亜希子, 坂上裕子, 菅沼真樹 (2000). 日本人母子における愛着の世代間伝達, 教育心理学研究, *48*(3), 323-332.

数井みゆき・遠藤利彦. (2005). アタッチメント―生涯にわたる絆 ミネルヴァ書房

北村琴美 (2008). 過去および現在の母娘関係と成人女性の心理的適応性―愛着感情と抑うつ傾向, 自尊感情との関連 心理学研究, *79*, 116-124.

北村琴美・無藤隆 (2001). 成人の娘の心理的適応と母娘関係：娘の結婚・出産というライフイベントに着目して, 発達心理学研究, *12*, 46-57.

北村琴美・無藤隆 (2002). 成人の娘とその母親における相互間サポート, 日本発達心理学会13回大会論文集, 231.

Klohnen, E. C., & Bera, S. (1998). Behavioral and experiential patterns of avoidantly and securely attached women across adulthood: A 31-year longitudinal study. *Journal of Personality and Social Psychology, 74*, 211-223.

Kobak, R. R., & Hazan, C. (1991). Attachment in marriage: Effects of security and accuracy of working models. *Journal of Personality and Socia*l *Psychology, 60*, 861-869.

小嶋秀夫. (1970). 親の行動インベントリー (PBI) の検討：Balanced scales. 金沢大学教育学部紀要 (人文科学編), *19*, 129-144.

Levinson, D. J. (1978/1992). ライフサイクルの心理学 南博訳 講談社 (The seasons of a man's life. The Sterling Lord Agency: NY.)

Lewis, M., Feiring, C. & Rosenthal, S. (2000). Attachment over time. *Child Development, 71*-3, 707-720.

Luthar, S. S., Cicchetti, D., & Becker, B. (2000). The construct of resilience: A critical evaluation and guidelines for future work. *Child Development, 71*-3, 543-562.

Main, M., Kaplan, N., & Cassidy, J. (1985). Security in infancy, childhood, and adulthood: A move to the level of representation. In I. Bretherton & E. Waters (Eds.), Growing points of attachmentt theory and research. *Monographs of the*

Society for Research in Child Development. 50, 66-106.

Main, M.（1991）. Metacognitive knowledge, metacognitive monitoring and singular （coherent）vs multiple（incoherent）model of attachment. In C. M. Parkes, J. Stevenson-Hinde & P. Marris（Eds.）Attachment across the life cycle. Tavistock.

Masten, A. S.（2001）. Ordinary magic: Resilience processes in development. *American Psychologist, 56*-3, 227-238.

松島恵介（2002）．記憶の持続　自己の持続　金子書房.

松島恵介（2001）．記憶と自己，高橋恵子・内田伸子（編）児童心理学の進歩－2001年版，vol-40　金子書房，128-153.

McGue, M., Bacon, S., & Lykken, D. T.（1993）. Personality stability and change in early adulthood: A behavioral genetic analysis. *Developmental Psychology, 29*, 96-109.

McCrae, R. R., Costa, P. T. Jr., 0 stendorf, F., Angleitner, A., Hrebickova, M., Avia, M. D., Sanz, J., Kusdil, M. E., Woodfield, R., Saunders, P. R., & Smith, P. B. （2000）. Nature over nurture: Temperament, personality and life-span development. *Journal of Personality and Social Psychology, 78*, 173-186.

三輪聖恵・志自岐康子・習円明裕（2010）．新卒看護師の職場適応に関連する要因に関する研究，日本保健科学学会誌，*12*-4，211-220.

三宅和夫・高橋恵子（2009）．縦断研究の挑戦－発達を理解するために　金子書房.

西平直喜（1990）．成人になること－生育史心理学から　東京大学出版会.

落合良行・佐藤有耕（1996）．親子関係の変化からみた心理的離乳への過程の分析　教育心理学研究，*44*，11-22.

大日向雅美（1988）．母性の研究－その形成と変容の過程：伝統的母性観への反証　川島書店.

大石繁宏（2009）．幸せを科学する－心理学からわかったこと　新曜社.

岡本祐子（1999）．女性の生涯発達とアイデンティティ，北大路書房.

小野寺敦子（2003）．親になることによる自己概念の変化　発達心理学研究，*14*-2，180-190.

小塩真司・中谷素之・金子一史・長峰伸治（2002）．ネガティブな出来事からの立ち直りを導く．心理的特性－精神的回復力尺度の作成－．　カウンセリング研究，*35*，57-65.

Reynolds, A.（1998）. Resilience among black urban youth: Prevalence, intervention effects, and mechanisms of influence. *American Journal of Orthopsychiatry,* *68,* 84-100.

Ricks, M. H. (1985). The social transmission of parental behavior: Attachment across generations. Ln l.Bretherton, & E. Waters (Eds.) Growing points in attachment theory and research. *Monographs of the Society for research in Child Development, 50,* 211-227.

斉藤環（2008）．母は娘の人生を支配する　NHK出版．

斉藤環（2014）．母と娘はなぜこじれるのか　NHK出版.

坂上裕子（2002）．歩行開始期における母子の葛藤的やりとりの発達的変化：母子における共変化過程の検討　発達心理学研究, *13-3,* 261-273.

榊敦子（1997）．倉橋由美子のフィクションにおける母娘関係をめぐって　平川祐弘・萩原孝男（編）日本の母－崩壊と再生　新曜社, 323-368.

佐藤浩一（1998）．「自伝的記憶」研究に求められる視点，群馬大学教育学部紀要　人文・社会科学編, *47,* 599-618.

佐藤浩一（2001）．自伝的記憶－思い出は，かくのごとく，森敏昭（編著），おもしろ記憶のラボラトリー　北大路書房，京都, 15-36.

Schaffer, H. R. (1998/2001). 子どもの養育に心理学がいえること．無藤隆・佐藤恵理子訳　新曜社．(Making decisions about children: Second edition. Blackwell Publisher: Oxford.)

Schein, E. H. (1978/1991).キャリア・ダイナミクス－キャリアとは生涯を通しての人間の生き方・表現である　白桃書房．(Career dynamics: Matching individual and organizational needs, Addison-Wesley.)

島谷いずみ（1999）．日本の成人期の母娘関係，東京大学大学院修士論文.

島津美由紀（2004）．職務満足感と心理的ストレス－組織と個人のストレスマネジメント．風間書房.

信田さよ子（2008）．母が重くてたまらない－墓守娘の嘆き　春秋社.

Sroufe, L. A., Egeland, B., Carlson, E. A., & Collins, W.A. (2005), The development of the person: The Minnesota study of risk and adaptation from bitth to adulthood. The Guilford Press: New York.

白井利明（1994）．時間的展望体験尺度の作成に関する研究，心理学研究, *65-1,* 54-60.

白井利明（1997）．時間的展望の生涯発達心理学　勁草書房.

杉田峰靖（1983）．こじれる人間関係　創元社.

Tan, A. (1989/1992). ジョイ・ラック・クラブ　小沢瑞穂訳　角川文庫.（The joy luck club. Mildred Hird Inc.）

田畑洋子（2002）. 母子関係修復過程に関する実践的研究－祖母元型マトリックス・モデル　風間書房.

高石浩一（1997）. 母を支える娘たち－ナルシシズムとマゾヒズムの対象支配　日本評論社.

高橋浩司（1999）. 態度の測定(1)：職務満足. 渡邊直登・野口裕之　組織心理測定論. 白桃書房. 107-130.

高橋雅延（2000）記憶と自己，太田信夫・多鹿秀継（編），記憶研究の最前線　北大路書房，pp. 230-246.

詫摩武俊・戸田弘二（1988）. 愛着理論からみた青年の対人態度：成人版愛着スタイル　尺度作成の試み. 東京都立大学人文学報，*196*，1-16.

戸田弘二（1990）. 女子青年における親の養育態度の認知と Internal Working Models との関連. 北海道教育大学紀要　第一部C，教育科学篇，*41-1*，91-100.

戸田弘二（1991）. アタッチメントとその後の人間関係　社会性の発達心理学. 繁多進他編　福村出版，108-22.

氏家達夫（1996）. 親になるプロセス　金子書房.

Vaillant, G. E. (2002/2008). 50歳までに「生き生きとした老い」を準備する　米田隆訳　ファーストプレス.（Aging well: Suprising guideposts to a happier life from landmark Harvard study of adult development. Little Brown & Company: NY.）

Van IJzendoorn, M. H. (1995) Adult attachment representations, parental responsiveness, and infant attachment: A meta-analysis on the predictive validity of the adult attachment interview. *Psychological Bulletin, 117*, 387-403.

Van IJzendoorn, M. H., & Bakermans-Kranenburg, M. J. (1996). Attachment representations in mothers, fathers, adolescents and clinical groups: A meta-analytic search for normative data. *Journal of Consulting and Clinical Psychology, 64*, 8-21.

渡邊惠子（1997）. 青年期から成人期にわたる父母との心理的関係　母子研究，*18*，23-31.

Waters, E., Merrick, S., Treboux, D., Crowell, J., & Albersheim, L. (2000). Attachment security in infancy and early adulthood: A twenty-year longitudinal study. *Child Development, 71-3*, 684-689.

230 文献

Weinfield, N. S., Stroufe, L. A., & Egeland, B. (2000). Attachment from infancy to early adulthood in a high-risk sample: Continuity, discontinuity, and their correlates. *Child Development, 71*-3, 695-702.

Werner, E. E. & Smith, R. S. (2001). Journeys from childhood to midlife: Risk, resilience, and recovery. Cornel Univ. Press: NY.

Winnicott, D. W. (1957/1977). 情緒発達の精神分析理論：自我の芽生えと母なるもの　牛島定信訳　岩崎学術出版社. (Mother and child: A primer of first relationships. Basic books: N. Y.)

やまだようこ (2000). 人生を物語ることの意味―なぜライフストーリー研究か― 教育心理学研究, *39*, 146-161.

山岸明子 (1994). 女子青年の内的作業モデルと過去から現在の対人的経験との関連. 順天堂医療短期大学, *5*, 52-63. (山岸, 2006a の 6 章)

山岸明子 (1997). 青年後期から成人期初期の内的作業モデル：縦断的研究. 発達心理学研究, *8*, 206-217. (山岸, 2006a の 8 章)

山岸明子 (2000). 女子青年によって再構成された幼少期から現在にかけての母親との関係　青年心理学研究, *12*, 31-46. (山岸, 2006a の12章)

山岸明子 (2004). 女子青年がもつ現在の対人的枠組みと生育史に記述された母親及び友人との関係の質との関連. 発達心理学研究, *15*-2, 195-206. (山岸, 2006a の13章)

山岸明子 (2005). 青年後期と成人期初期に記述された生育史と対人的枠組みの変化との関連―7 年間の縦断的研究―. 青年心理学研究, *17*, 15-26. (山岸, 2006a の15章)

山岸明子 (2006a). 対人的枠組みと過去から現在の対人的経験に関する縦断的研究 風間書房.

山岸明子. (2006b). 7 年後に再度記述された生育史の分析―類似性と異質性の分析―, 医療看護研究, *2*, 1-10. (山岸, 2006a の14章)

山岸明子 (2008). なぜ Dave Pelzer は立ち直ったのか―被虐待児の生育史の分析― 医療看護研究, *4*, 20-28.

山岸明子 (2010). 大学生のレジリエンスと両親への態度・認知との関連―性差に着目して　順天堂大学スポーツ健康科学研究, *2*-3, 87-94.

山岸明子・寺岡三左子・吉武幸恵 (2010). 看護援助実習の受けとめ方と resilience（精神的回復力）及び自尊心との関連. 医療看護研究, *6*, 1-10.

Yamagishi, A. & Imori, S. (2014). Adolescence to adulthood longitudinal study of 17 years: Relationship between internal working models and attitude to one's occupation. Medimond International Proceedings of 16th European Conference on Developmental Psychology. Medimond: Bologna, Italy, 245-248.

山岸明子 (2015). 心理学で文学を読む―困難を乗り越える力を育む 新曜社.

山岸明子 (2017). つらさを乗り越えて生きる―伝記・文学作品から人生を読む 新曜社.

山口智子 (2002). 人生における語りの変容について―高齢者の回想の基礎的研究として― 心理臨床研究, *20*, 275-286.

Zimmerman, P., Fremmer-Bombik, E., Sprangler, G., & Grossmann, K. E. (1995). Attachment in adolescence: A longitudinal perspective. In W. Koops, J. B. Hoeksma & D. C. van de Boom (Eds.) Development of interaction and attachment: Traditional and non-traditional approaches. Royal Netherlands Academy of Arts & Sciences: Amsterdam. 281-292.

Zweig, C. (1991/1996). 女性の誕生―女性であること―意識的な女性性の誕生 川戸円訳 山王出版. (To be a woman: Birth of a conscious feminine, Mandala.)

付　記

本書の12の研究は、以下の研究費の助成を受けて行われた。

平成16年～17年度　日本学術振興会科学研究費基盤研究(C)（代表研究者
　　　　　　　　　　山岸明子）
平成18年～19年度　順天堂大学医療看護学部学内共同研究費（代表研究
　　　　　　　　　　者　山岸明子）
平成22年～25年度　日本学術振興会科学研究費基盤研究(C)（代表研究者
　　　　　　　　　　山岸明子）

　研究1から研究12の初出論文は、下記の通りである。本書で3章から14章
の論文としてまとめるにあたって、一部修正・加筆した。12の研究論文は相
互に関連し、内容が重複している部分があるので、その部分はできるだけ省
略し、調整を加える様にした。但し研究3は英文の論文であるため、独立し
て読んでもわかるように省略せずに収録した。研究9は学会発表論文を元に
大幅に加筆した。なお研究5、6、8は井森澄江氏との共著であるが、井森
氏が筆頭著者である研究6に関しては、全体との調整のために大幅に修正し
た。

研究1（3章）
　　山岸明子（2007）．11年前に記述した生育史と現在の回想について30代女性がも
　　つ印象．医療看護研究, 3, 1-8.
研究2（4章）
　　山岸明子（2009）．自分の変化の記述と後の回想との関連―20代から30代にかけ
　　ての縦断的検討―．医療看護研究, 5, 23-29.
研究3（5章）

Yamagishi, A. (2013) The stability and changeability of internal working models and interpersonal cognition from late adolescence to early adulthood: An 11-year longitudinal study of nursing students. School of Nursing and Health Care Juntendo University Iryo Kango Kenkyu, *11*, 18-26.

研究4 （6章）

山岸明子（2012）．青年期から成人期の対人的枠組みと対人的認知―19年後の縦断的研究―．順天堂大学スポーツ健康科学部紀要, *3-4*, 209-218.

研究5 （7章）

山岸明子・井森澄江（2008）．母親認知の縦断的変化―青年期から成人期にかけて―．医療看護研究, *4*, 20-28.

研究6 （8章）

井森澄江・山岸明子（2009）．青年期から成人期にかけての母親認知の縦断的変化―母親になること―．東京家政大学研究紀要. *49-1*, 125-132.

研究7 （9章）

山岸明子（2009）．成人期女性の現在の母親認知と青年期の母親認知の関連, 及びその規定要因．青年心理学研究, *21*, 53-68.

研究8 （10章）

山岸明子・井森澄江（2012）．成人期女性の母親との関係―縦断的データによる30代前半と後半の比較―．日本教育心理学会第54回総会発表論文集, 146.

研究9 （11章）

山岸明子（2013）．生育過程における母親との関係の問題は成人期まで続くのか―問題があった5事例の17年後― 日本心理学会第77回大会発表論文集,

研究10 （12章）

山岸明子（2013）．青年期に記述された生育史の良好さと成人期の適応との関連―内的作業モデルを手がかりにして― 青年心理学研究, *25*, 29-43.

研究11 （13章）

山岸明子（2014）．成人期の適応に影響する青年期・成人期の対人的要因―17年後の縦断的データに基づく検討― 順天堂スポーツ健康科学研究, *5-2*, 29-38.

研究12 （14章）

山岸明子（2016） 内的作業モデルが仕事への取り組みに及ぼす影響―青年期から成人期へ：17年後の縦断的検討― 順天堂スポーツ健康科学研究, *7-1*, 1-11.

付　記　235

　以上の研究は、日本教育心理学会、日本発達心理学会、日本心理学会、日本パーソナリティ心理学会でも発表した（年度は略）。また研究3の一部は26th International Congress of Applied Psychology, Athens（2006）で発表した。研究12の一部は16th European Conference on Developmental Psychology, Lausanne（2013）で発表し、Proceeding にまとめたもの（Yamagishi, A. & Imori, S.（2014）. Adolescence to adulthood longitudinal study of 17 years: Relationship between internal working models and attitude to one's occupation. Medimond International Proceedings of 16th European Conference on Developmental Psychology. Medimond: Bologna, Italy, 245-248.）の分析を一部修正した上で、個々の面接データを使って大幅に加筆したものである。

資　　料

238　資　料

調査依頼文

（2011年のもの　他も同様）

順天堂医療短期大学4回生の皆様へ

　梅雨の季節になりましたがお元気でいらっしゃいますか。
　東日本大震災での被害はなかったでしょうか。浦安は液状化現象で大変でしたが、大学の方は新学期を無事迎え、新入生で賑わっています。
　皆様が順天堂を卒業なさってから、もう16年（！）も経ちましたが、いかがお過ごしでしょうか？　皆様もいまや30代後半になられ、私もびっくりするような年齢…になりました。

　私は皆様が1年生の時に心理学、3年生の時に発達心理学の講義を担当し、発達心理学では生育史を書くレポート課題をだしたりしましたが、覚えていらっしゃいますか？　皆様が書いて下さった生育史のレポートに心うたれて、それを分析する研究に着手し、その後何度か調査をさせていただきました（再度生育史を書いていただいたり、面接に来ていただいたりもしました）。皆様のご協力に心から感謝しております。
　今回30代後半になられた皆様に、もう一度調査をさせていただけないかと思い、お手紙を書いている次第です。以前と同じような質問紙にお答え頂き、皆様がどう変わったのか（あるいは変わらないのか）、今どのような気持ちで生きていらっしゃるのか、検討させていただきたいと考えております。

　お忙しいところ度重なるお願いで恐縮ですが、調査にご協力いただけないでしょうか？　同封の質問紙に記入して、7月9日（土）頃までにご返送いただければ幸いです。10数年にわたる変化を実際に検討するという研究はまだ数少なく、大変貴重なデータになりますので、是非ご協力いただきたくよろしくお願い申し上げます。
　但し調査へのご協力は自由意思ですし、いつでも中止することが可能です。また「誰々がどうだった」という形では決して口外しませんし、研究のため以外には使用しません。研究結果は研究誌等で報告することがありますが、匿名で個人が特定化されない形で行います。なおご回答いただいた方にはお礼に心ばかりですが1000円の図書カードをお送りさせていただきます。

できれば更に、皆様がどのように生きてきて、どのように変わったと思うか等について、個別面接をさせていただきたいと思っております。浦安キャンパスに来ていただくか、ご希望の場所を言っていただければ、私の方から出向きます。謝礼（図書カード2000円分）と、来ていただいた場合は、交通費（遠隔地の場合は宿泊費１泊分も）をお渡しする予定です。大変貴重な資料になりますので、是非多くの方からお話を伺いたいと思っています。面接の時期は８月中旬から９月中旬を予定しています。ご協力いただけるかどうか、質問紙の最後にご記入下さるようお願い致します。承諾いただけた方には改めてお願いの文書をお送り致します。

　最後に、学校の様子を少々ご報告致しますネ。

　……

　是非面接をかねて、一度母校に足をお運び下さい。

　なお皆様の連絡先は同窓会の了解を得て、住所の開示可とお答えていらっしゃる方にお送りしていますが（一部2005年の調査時の住所にもお送りしています）、名簿に載っていなかった下記の方、あるいはここ数年で住所を変えられた方をご存じの方がいらっしゃいましたら、本人に住所を知らせてよいか問い合わせ後、お教え下さいます様、お願い致します。

名簿に載っていなかった方（旧姓で敬称略）

　……………

　　　　平成23年６月

　　　　　　順天堂大学スポーツ健康科学部健康学科教授
　　　　　　医療看護学部併任教授

　　　　　　　　　　　　山岸　明子
　　　　　　　　　　Tel　0000-00-0000（代表）
　　　　　　　　　　e-mail　○○○○@○○○.ac.jp

240　資料

質問項目

IWM
次のことはあなたにどの位あてはまりますか。該当する数字に〇をつけて下さい。

1.　私は知り合いができやすい方だ。　　　　　　　　　　5・4・3・2・1
2.　あまり自分に自信がもてない方だ。　　　　　　　　　5・4・3・2・1
3.　どんなに困った時でも、人には頼らない方だ。　　　　5・4・3・2・1
4.　私はすぐに人と親しくなる方だ。　　　　　　　　　　5・4・3・2・1
5.　人は本当は、いやいやながら私と親しくしてくれている　5・4・3・2・1
　　のではないかと思うことがある。
6.　私は人に頼らなくても、自分一人で充分にうまくやって　5・4・3・2・1
　　いけると思う。
7.　私は人に好かれやすい性質だと思う。　　　　　　　　5・4・3・2・1
8.　失敗しやしないかといつも不安である。　　　　　　　5・4・3・2・1
9.　あまりにも親しくされたり、こちらが望む以上に親しく　5・4・3・2・1
　　なることを求められたりすると、イライラしてしまう。
10.　たいていの人は私を好いてくれていると思う。　　　　5・4・3・2・1
11.　時々友達が、本当は私を好いてくれていないのでは　　5・4・3・2・1
　　ないかとか、私と一緒にいたくないのではないかと
　　心配になることがある。
12.　あまり人と親しくなるのは好きではない。　　　　　　5・4・3・2・1
13.　気軽に頼ったり頼られたりすることができる。　　　　5・4・3・2・1
14.　私は誤解されやすい方だ。　　　　　　　　　　　　　5・4・3・2・1
15.　人は全面的には信用できないと思う。　　　　　　　　5・4・3・2・1
16.　初めて会った人とでもうまくやっていける自信がある。　5・4・3・2・1
17.　ちょっとしたことですぐに自信をなくしてしまう。　　5・4・3・2・1
18.　どんなに親しい間柄であろうと、あまりなれなれしい　　5・4・3・2・1
　　態度をとられると嫌になってしまう。

時間的展望
次のことはあなたにどの位あてはまりますか。該当する所に〇をつけて下さい。

1.　毎日の生活が充実している。　　　　　　　　　　　　5・4・3・2・1
2.　毎日が同じことのくり返しで退屈だ。　　　　　　　　5・4・3・2・1

資　料　241

3．今の生活に満足している。　　　　　　　　　　　　5・4・3・2・1

4．毎日が何となく過ぎていく。　　　　　　　　　　　5・4・3・2・1

5．今の自分は本当の自分ではないような気がする。　　5・4・3・2・1

6．過去のことはあまり思い出したくない。　　　　　　5・4・3・2・1

7．私の過去はつらいことばかりだった。　　　　　　　5・4・3・2・1

8．私は過去の出来事にこだわっている。　　　　　　　5・4・3・2・1

9．私は自分の過去を受け入れることができる。　　　　5・4・3・2・1

10．私には未来がないような気がする。　　　　　　　　5・4・3・2・1

11．自分の将来は自分で切り開く自信がある。　　　　　5・4・3・2・1

12．私の将来には希望がもてる。　　　　　　　　　　　5・4・3・2・1

13．将来のことはあまり考えたくない。　　　　　　　　5・4・3・2・1

エゴグラム

次のことはあなたにどの位あてはまりますか。「はい」の時は○、「いいえ」の時は×、
「どちらともいえない」時は△をカッコの中に書いて下さい。

（CP、N、A、FC、AC）

1　よい・悪いをはっきりさせないと気がすまない方だ。　　　　　　　（　　）

2　相手の話に耳を傾け、共感する方だ。　　　　　　　　　　　　　　（　　）

3　何かする場合、他人の意見をきいたりよく調べてからする。　　　　（　　）

4　嬉しい時や悲しい時、表情や言葉に表す方だ。　　　　　　　　　　（　　）

5　無理をしてでも、他人からよく思われようとしてしまう。　　　　　（　　）

6　規則を守ることに厳しい方だ。　　　　　　　　　　　　　　　　　（　　）

7　ともだちの長所をほめることがよくある。　　　　　　　　　　　　（　　）

8　何かうまくいかなくても、あまりカッとならずに対処できる。　　　（　　）

9　冗談をよく言う方だ。　　　　　　　　　　　　　　　　　　　　　（　　）

10　思った事を言えず、後から後悔することがよくある。　　　　　　　（　　）

11　責任感が強い人間だと思う。　　　　　　　　　　　　　　　　　　（　　）

12　他人の世話をするのが好きだ。　　　　　　　　　　　　　　　　　（　　）

13　勉強や仕事は能率的にテキパキと片付けていく方だ。　　　　　　　（　　）

14　言いたいことを遠慮なく言ってしまう方だ。　　　　　　　　　　　（　　）

15　自分の感情を押さえてしまうことが多い。　　　　　　　　　　　　（　　）

16 小さな不正でも、うやむやにするのが嫌いだ。 （ ）

17 思いやりがある方だ。 （ ）

18 物事はその結果まで予測して行動に移す方だ。 （ ）

19 欲しいものは、手に入れないと気がすまない。 （ ）

20 遠慮がちで、消極的な方だ。 （ ）

21 時間やお金にルーズなことが嫌いだ。 （ ）

22 がっかりしている人がいたら、慰めたり元気づけてあげる。 （ ）

23 人と意見が違う時、冷静に話し合おうとする。 （ ）

24 「わあ」「すごい」「かっこいい！」などの感嘆詞をよく使う。 （ ）

25 他人の顔色を見て、行動するような所がある。 （ ）

26 何事も引き受けたら、きちんとやらないと気がすまない方だ。 （ ）

27 人から頼まれたら、たいていのことは引き受ける。 （ ）

28 感情的というより理性的な方だ。 （ ）

29 人と一緒に騒いだり、はしゃいだりするのが好きだ。 （ ）

30 イヤなことでもイヤと言わずに、押さえてしまうことが多い。 （ ）

31 親になった時、子供を厳しく育てると思う。 （ ）

32 誰かが失敗した時、責めないで許してあげる方だ。 （ ）

（CP、N、A）

1．良い、悪いをはっきりさせないと気がすまない方だ。 （ ）

2．人から道を聞かれたら、親切に教えてあげる。 （ ）

3．いろいろな本をよく読む方だ。 （ ）

4．人が間違ったことをした時、厳しく批判する方だ。 （ ）

5．ともだちの長所をほめることがよくある。 （ ）

6．何かうまくいかなくても、あまりカッとならずに対処できる。 （ ）

7．責任感が強い人間だと思う。 （ ）

8．他人の世話をするのが好きだ。 （ ）

9．他人の意見は賛否両論を聞き、参考にする。 （ ）

10．小さな不正でも、うやむやにするのが嫌いだ。 （ ）

11．人の悪い所よりも、よい所を見るようにする方だ。 （ ）

12．物事はその結果まで予測して行動に移す方だ。 （ ）

13．礼儀作法についてやかましいしつけを受けた。 （ ）

14．がっかりしている人がいたら、慰めたり元気づけてあげる。 （ ）

15．何かする場合、自分にとって損か得かよく考える。 （ ）

16. 何事も引き受けたら、きちんとやらないと気がすまない方だ。　　　（　）
17. 人から頼まれたら、たいていのことは引き受ける。　　　　　　　（　）
18. わからないことがある時、人に相談してうまく処理する。　　　　（　）
19. 規則を守ることに厳しい方だ。　　　　　　　　　　　　　　　　（　）
20. 誰かが失敗した時、責めないで許してあげる方だ。　　　　　　　（　）
21. 体の調子が悪い時、自重して無理しないようにする。　　　　　　（　）
22. 「すべきである」「ねばならない」という言い方をよくする。　　（　）
23. 思いやりがある方だ。　　　　　　　　　　　　　　　　　　　　（　）
24. 人と意見が違う時、冷静に話し合おうとする。　　　　　　　　　（　）
25. 時間やお金にルーズなことが嫌いだ。　　　　　　　　　　　　　（　）
26. 社会奉仕的な仕事に参加することが好きだ。　　　　　　　　　　（　）
27. 仕事は能率的にテキパキと片付けていく方だ。　　　　　　　　　（　）
28. 子供のしつけは厳しい方だ（or 厳しく育てると思う）。　　　　（　）
29. 相手の話に耳を傾け、共感する方だ。　　　　　　　　　　　　　（　）
30. 感情的というより理性的な方だ。　　　　　　　　　　　　　　　（　）

両親の養育態度

あなたの育ってきた過程をふりかえってみて、次の問いに答えて下さい。
次のことはあなたにどの位あてはまりますか。該当する数字に○をつけて下さい。

1. 母親は私にとってよい母親だったと思う。　　　　　5・4・3・2・1
2. 母親は口うるさく指図する方だった。　　　　　　　5・4・3・2・1
3. 母親についてのよい思い出があまり浮ばない。　　　5・4・3・2・1
4. 母親は私の気持ちをよく理解してくれた。　　　　　5・4・3・2・1
5. 母親は私に対して干渉して、思うままにさせようとした。　5・4・3・2・1
6. 母親は子供のことより自分のことを優先してきたように　5・4・3・2・1
　　思う。
7. 子供時代に父親との接触は多くなかった。　　　　　5・4・3・2・1
8. 父親は私の行動のちょっとしたことで不機嫌になり腹を　5・4・3・2・1
　　立てた。
9. 父親は自分を可愛がってくれたと思う。　　　　　　5・4・3・2・1
10. 自分はよい父親をもったと思う。　　　　　　　　　5・4・3・2・1
11. 父親にやさしくされた思い出がない。　　　　　　　5・4・3・2・1

244　資　料

12. 父親は私のことをあまり考えてくれなかったように思う。
13. 父親は私の考えや気持ちを尊重しようとしてくれた。
14. 親と楽しく過した時のことを思い出すことがある。
15. 自分は親とは少し違った親になろうと思う。

各時期の全体的適応感

あなたの育ってきた過程をふりかえってみて、次の問いに答えて下さい。
どの時期にも楽しいこととつらいことの両方があったと思いますが、下の各時期は、
全体としてどちらの思いの方が強いですか。○をつけて下さい。

	とても 楽しかった	つらいこともあったが 楽しかった	どちらとも いえない	つらかった
幼児期				
小学生時代				
中学生時代				
高校生時代				
短大時代				
就職した頃				
20代後半				
30代前半				
現在				

自分の変化に関する自由記述

短大を卒業した頃と比べて、自分は変わったなと思いますか。

　　　とても変わった　　いくらか変わった　　少し変わった　　変わらない

☆どんな点が変わったと思いますか。

（　　　　　　　　　　　　　　　　　　　　　　　　　　　　　　　　）

資　料　245

☆何によって変わったのだと思いますか。

（　　　　　　　　　　　　　　　　　　　　　　　　　　　　　）

☆今まで生きてきた過程を振り返って、現在のあなたに影響を与えていると思う重要
　なことは何ですか。

（　　　　　　　　　　　　　　　　　　　　　　　　　　　　　）

☆ここ数年の間にあったことで、あなたにとって重要だったことは何ですか。

（　　　　　　　　　　　　　　　　　　　　　　　　　　　　　）

☆現在あなたにとって重要な人は誰ですか。どのような意味で重要ですか。

（　　　　　　　　　　　　　　　　　　　　　　　　　　　　　）

レジリエンス

以下の記述が自分にどの位あてはまるか、数字に○をつけて下さい。

　「とてもあてはまる」5、「まああてはまる」4、「どちらともいえない」3、「あま
　りあてはまらない」2、「全くあてはまらない」1

1．色々なことにチャレンジするのが好きだ。　　　　　　　5・4・3・2・1
2．自分の感情をコントロールできる方だ。　　　　　　　　5・4・3・2・1
3．失敗した時自分のどこが悪かったか考える。　　　　　　5・4・3・2・1
4．これからの人生にいいことがきっとあると思う。　　　　5・4・3・2・1
5．何事もよい方に考える。　　　　　　　　　　　　　　　5・4・3・2・1
6．つらい時や悩んでいる時は、自分の気持ちを人に話したい　5・4・3・2・1
　と思う。
7．うまくいかないこともその経験が後で役にたつと思う。　5・4・3・2・1
8．新しいことや珍しいことが好きだ。　　　　　　　　　　5・4・3・2・1
9．動揺しても、自分を落ち着かせることができる。　　　　5・4・3・2・1
10．難しいことでも解決するために色々な方法を考える。　　5・4・3・2・1
11．将来の見通しは明るいと思う。　　　　　　　　　　　　5・4・3・2・1
12．困ったことが起きてもよい方向にもっていけると思う。　5・4・3・2・1
13．寂しい時や悲しい時は、自分の気持ちを人に聞いてもらい　5・4・3・2・1
　たいと思う。
14．つらい経験から学ぶことがあると思う。　　　　　　　　5・4・3・2・1

246　資　料

15. ものごとに対する興味や関心が強い方だ。　　　　　　5・4・3・2・1

16. いつも冷静でいられるようにこころがけている。　　　5・4・3・2・1

17. なぜそうしたのか行動を見直すことがある。　　　　　5・4・3・2・1

18. これからの自分に希望をもっている。　　　　　　　　5・4・3・2・1

19. 困った時、考えるだけ考えたらもう悩まない。　　　　5・4・3・2・1

20. 迷っている時は人の意見を聞きたいと思う。　　　　　5・4・3・2・1

21. 困難があっても、それは人生にとって価値のあるものだ　5・4・3・2・1
　　と思う。

22. 私は色々なことを知りたいと思う。　　　　　　　　　5・4・3・2・1

23. ねばり強い人間だと思う。　　　　　　　　　　　　　5・4・3・2・1

24. 自分の判断は適切か考える方だ。　　　　　　　　　　5・4・3・2・1

25. 自分には将来の目標がある。　　　　　　　　　　　　5・4・3・2・1

26. 困った時、ふさぎこまないで次の手を考える。　　　　5・4・3・2・1

27. 大変だったが、それをくり抜けることで自分は成長した　5・4・3・2・1
　　と思う経験がある。

28. 自分の考えを人に聞いてもらいたいと思う。　　　　　5・4・3・2・1

29. いやなことがあってもそんなこともあるだろうと　　　5・4・3・2・1
　　受入れてきた。

現在の満足度

現在、下記のことでの満足度はどの位でしょうか。該当する数字に○をつけて下さい。「とても満足している」5、「まあ満足」4、「どちらともいえない」3、「あまり満足していない」2，「全く満足していない」1。（該当することがない場合はとばして下さい。）

1. 生活全般　　　　　　　　5・4・3・2・1

2. 仕事の内容　　　　　　　5・4・3・2・1

3. 仕事上の人間関係　　　　5・4・3・2・1

4. 配偶者との関係　　　　　5・4・3・2・1

5. 子どもとの関係　　　　　5・4・3・2・1

6. 家族との関係　　　　　　5・4・3・2・1

7. 経済的問題　　　　　　　5・4・3・2・1

8. 自分の人間としての成長　5・4・3・2・1

資　料　247

9．その他で重要なこと　　　　5・4・3・2・1（　　　　　　　　）

☆最後に　ご住所（〒　　　　　　　　　　　　　　）Tel（　　　　　　）
　　　　　ご職業（　　　　　　　　）
　　　　　独身・夫あり・子どもあり（　才　才　才）

　どちらかに○をつけて下さい。
　　　（　）面接調査に協力します。　（　）応じる余裕がありません。

★ご協力ありがとうございました。お元気でそれぞれの道を歩んでいって下さい。★
★面接調査にご協力いただける方には、また希望の日時や場所についてご連絡致します★

面接項目

Ⅰ　幼児期から短大時代まで、どのような時期でしたか。
　　楽しかったこと、つらかったこと、特に印象的だったことは何ですか。

Ⅱ　（研究1、2のみ）
　　以前に同じようなことを生育史として書いてもらいましたが、覚えていますか。
　　（提示して、時間を与えて読んでもらう。）
　　読んでみてどうですか。
　　以前の調査と著しく変わっていて（ex.適応感、楽しかった・つらかった出来事、印象的な出来事、重要人物やその印象）自発的に言及がない場合→今どう思いますか。どうして印象が変わったのだと思いますか。
　　異なった時期に何度か過去について伺ってきましたが、過去のとらえ方が変わったと思いますか。どうして変わったのだと思いますか。

Ⅲ　短大卒業後はどのように過ごしてきましたか。その経過及び印象的だったこと、つらかったこと・大変だったことは何ですか。

Ⅳ　自分がとても変わったと思う時期がありますか。
　　いつ、どう変わったのでしょうか。何によって変わったのだと思いますか。

Ⅴ　親に対する気持ちは変わりましたか？　どう変わったのでしょうか。何によって変わったのだと思いますか。
　　母親はどのような人ですか。形容詞でいうと（or 一言でいうと）どんな感じですか。

Ⅵ　あなたにとって仕事はどのような意味をもっていますか。

Ⅶ　あなたにとって子育てはどのような意味をもっていますか。

Ⅷ　友人、周りの人、人生に対する感じ方や見方で変わったことはありますか。

Ⅸ　今までの人生で重要だったことは何ですか。大切にしてきたことは何ですか。

X　今どんなことに充実感を感じていますか（生きがい、楽しさ）。

XI　どんなことがストレスですか　or　気にかかっていることや悩んでいることが等
　　がありますか。

導入の概要

・今までも privacy にかかわることを聞いてきた。誰々がどうだという形では口外し
　ないが、あまりいい気分ではなかったと思う。それなのに何度も答えていただき、
　今日はわざわざ遠くから、お忙しいのに来ていただき感謝している。
・折角来ていただいたし、継続的に様子を聞いているので、とても貴重な資料になる
　ので、色々お話を伺いたい。研究発表で名前を伏せて部分的に使わせてもらうこと
　があるが、誰だかわかる形では決して口外しない。
・録音をとることの了承。

250　資　料

生育史

生育史記述の課題

あなたが育ってきた過程を振り返り、次の各時期はあなたにとってどのような時期だったか（どんな幼児、小学生…だったか、どのように育てられ、それをどう感じていたか、印象的だったこと（楽しかったこと、つらかったこと etc.）は何か）、また誰がどのような意味で重要だったかを書いて下さい。

記述の用紙はＢ４を４×３の欄に分割したもの（次ページはそれを縮小したもの）。

なおプライバシーにかかわることなので「誰々が～だった」という形で口外することはないこと、書きたくないことは書かなくてもよいことを口頭で伝えた。

生育史記述の用紙

	どんな時期だったか（どのような赤ちゃん、幼児、小学生…だったか）、どのように育てられ、それをどう感じていたか	どのようなことがあったか（自分にとって重要だったこと、楽しかったこと、嫌だった・つらかったこと etc.）	自分にとってまわりの人（母親、父親、兄弟、友人、教師 etc.）はどんな意味をもっていたか、誰が自分にとって重要だったか
乳幼児期			
児童期 小学校時代			
青年期 中学・高校時代			
高校卒業以降			

あ と が き

　大学に定職を得ると同時に、本研究のきっかけとなる生育史と出会い、それから4半世紀にわたって縦断的研究を続けてきました。その研究に対して科研費の研究成果公開促進費の助成を2回受け（2005年度と2018年度）、力を注いできた研究をまとめて公刊することができて、大変嬉しく思っています。それにしても被調査者の皆様には、17-19年という長期間にわたって調査にご協力いただき、厚くお礼申し上げます。

　長期間の縦断研究を行ってきて、「人はどのように発達し、何がそれを規定するのか」という発達心理学の中核的な問題を正面から検討できたという学術的な成果を感じると同時に、それぞれの女性がどのように育ってきて、その後どのように成長し、どのように生きているのかを継続的に語っていただく機会をもてたことに、「学術的であること」を超えたより広い充足感を感じ、ライフ・ワークとしてずっと続けるつもりでいました。

　定年退職後もこの路線を続けようと思っていたのですが、大学に所属していないと科研費の申請はできない（研究成果公開促進費だけは可）と言われて、実証的研究を続けるのが難しい状況になっていました。更に本書の中でも少し触れていますが、個別の分析を行うと、匿名にし十分に注意をしても教え子であるために特定化される可能性があり、公表をどのようにするか難しい問題になっていました（学会誌の査読でも、ケースの概要の提示に全ケースを取り上げることやより詳しい個別情報を求められ、応じられない旨事情を話してご理解いただいたりしました）。これから更に研究を行うとすれば、今まで以上に個別の分析をすることになるため、更に公表が難しくなることが予想されます。調査そのものも研究誌への投稿も勿論被調査者からの同意を得て行っていますが、その時同意をしても、（調査が長期間になるた

め）後で取り消したくなる可能性はあり、同意撤回後のことには応じられますが、既に公表したものは消すわけにはいきません。どう生きてきたか、今どう生きているかを語ることは、時にネガティブな問題や自分の内面を吐露することもあり、ある時点では同意できても、状況が変われば気持ちが変わることもあるだろうし、特に特定化される可能性が少しでもあれば、気分を害されることがあるかもしれない…というような危惧の念をもつようになりました。

　学術的に貴重なデータだと考えられるし、ずっと続けるつもりで（被調査者の皆様にもそう申し上げてきました）やってきたために迷いましたが、被調査者に嫌な思いをさせる可能性があるのであれば、続けるべきではないという結論に至りました。そして最近は生育史や面接での語りを用いた実証的な調査研究ではなく、文学作品や伝記を生育史や被調査者の語りのように分析する論文をもっぱら書くようになっています。公刊されているものの分析ですから、倫理的な問題も起こらず、心理学と文学の中間のような著書（山岸, 2015, 2017）を上梓したりしています。

　でも、公刊の準備作業として本書の全体を読み直していると、更に縦断的研究を続けることへの意向とその必要性（その後の発達的変化についての知見を得るため、またその時々の分析の妥当性や問題性を考えるため）が書かれていて、当時の自分に謝りたい気持ちになります。同時に「長いこと熱心にかかわってきた研究を一冊の著書にできましたよ」とその時の私に言いたい気分でもあります。

　質問紙や生育史、面接での語りの抜粋を読み返していると、調査時の被調査者とのやりとりや、その時あるいは分析しながら私が感じたり考えたりしたことが思い出されて、懐かしい思いにとらわれます。特につらい経験をしてきた方が真摯にその話をしてくれ、そしてその後そのつらさを乗り越えたり、ものの見方やそれまでの生き方が変わったという語りは、今も心に残っています。研究を続ければ、更にそのような語りに出会えるだろうし、今ま

あとがき　255

での経過をある程度知っている被調査者が更にどのような人生を歩んでいくのか、その研究を継続できない無念さを改めて感じます。

　でも一方で、追究したいと思うテーマと素晴らしい被調査者に出会い、研究資金も得て（科研費の基盤研究（Ｃ）も３回）、自由に思うままに研究でき、その成果を２冊の著書にまとめることができて、研究者冥利につきます。そしてその研究の継続は断念しましたが、定年退職後も素材と研究法は変わったものの、同様なテーマで論文を書き続けています。今の私があるのも、これらの研究を続けてきたからだと思っています。

　「人はどのように発達し、何がそれを規定するのか」を長期間の縦断研究で検討することは、発達心理学の中核的な課題だと思います。私は実証研究をやめることになりましたが、他の方々が、より多くの被調査者（私の様に、被調査者同士がお互いを知っており面接の時に会ったりしていて、特定化されやすい状況にない被調査者）で、長期縦断研究に取り組んでくだされればいいなと思います。その際に、試行錯誤しながら行なってきた私の研究が少しでも参考になれば幸いです。また成人期の発達や成人期女性の母娘関係、そして逆境から立ち直る力－レジリエンス－について、学術的関心だけでなく一般的にも関心が高まっており、啓蒙のための書籍の出版も多くなっていますが、実証的な裏付けはまだ不十分で、本書のような実証的な報告が求められているように思われます。そのような観点からも本書が参考になればいいなと思います。

　東京家政大学の井森澄江先生には、2007年頃から分析を手伝っていただきました。勤務先の大学では心理学の研究の話をしたり研究指導をする機会はほとんどなく、これらの研究について話すのは学会発表の時くらいで、いつも一人で「ああでもない、こうでもない」と考えるだけでした。井森先生のお陰で、面接内容のことや評定のカテゴリーのこと等共に論ずる仲間ができて楽しく心強かったし、研究に客観性や広がりができたのではないかと思います。本書の３つの研究は井森先生との共著です。北海道教育大学の戸田弘

二先生には先生が作成されたIWMの質問項目を20年にわたって使わせていただきました。記して感謝いたします。またお名前は省略しますが学会発表の時に聞きにきて下さりコメントや励ましを下さった先生方、査読に際して沢山のコメントをいただいたり、学会誌にコメント論文を書いてくださった先生方、順天堂大学と医療看護学部の同窓会の方々にお礼申し上げます。

　本書は前述しましたが、独立行政法人日本学術振興会平成30年度科学研究費助成事業（科学研究費補助金）（研究成果公開促進費　課題番号18HP5199）の助成を受けています。出版に際し風間書房の風間敬子社長と編集部の斉藤宗親氏に大変お世話になりました（科研費の研究成果公開促進費を受けた1回目は道徳性に関する博士論文をまとめたものでしたが、その時も風間書房から出版していただき、今回は3回目になります）。

　最後に最大の感謝を被調査者の皆様に申し上げたいと思います。

　2018年10月

山岸　明子

著者略歴

山岸明子（やまぎし　あきこ）

東京生まれ。東京大学教育学部教育心理学科卒業。東京大学大学院
教育学研究科博士課程単位取得退学。教育学博士（東京大学）。
順天堂大学医療短期大学、順天堂大学医療看護学部、スポーツ健康科学部
教授を歴任。専門は発達心理学・教育心理学。2014年定年退職。

主要著書（単著）

『道徳性の発達に関する実証的・理論的研究』（風間書房）
『道徳性の芽生え―幼児期からの心の教育』（単編、チャイルド本社）
『対人的枠組みと過去から現在の経験のとらえ方に関する研究
　―縦断的研究を中心に―』（風間書房）
『発達をうながす教育心理学―大人はどうかかわったらいいのか』（新曜社）
『こころの旅―発達心理学入門』（新曜社）
『心理学で文学を読む―困難を乗り越える力を育む』（新曜社）
『つらさを乗り越えて生きる―伝記・文学作品から人生を読む』（新曜社）

青年期から成人期の対人的枠組みと
人生の語りに関する縦断的研究

2019年1月31日　初版第1刷発行

著　者　　山　岸　明　子

発行者　　風　間　敬　子

発行所　　株式会社風間書房

〒101-0051　東京都千代田区神田神保町 1-34
電話 03(3291)5729　FAX 03(3291)5757
振替 00110-5-1853

印刷　太平印刷社　　製本　高地製本所

©2019　Akiko Yamagishi　　　　　　　NDC分類：140
ISBN978-4-7599-2256-1　　Printed in Japan
JCOPY〈(社)出版者著作権管理機構 委託出版物〉
本書の無断複製は，著作権法上での例外を除き禁じられています。複製される
場合はそのつど事前に(社)出版者著作権管理機構（電話 03-3513-6969，FAX 03-
3513-6979，e-mail: info@jcopy.or.jp）の許諾を得てください。